41.2.3 Placenta praevia

Ursache

Plazentaimplantation im zervixnahen Bereich des Uterus als Plazenta praevia totalis, partialis oder marginalis

Klinik

- Rezidivierende vaginale Blutungen wechselnder Stärke in der gesamten Schwangerschaft
- Meist keine Schmerzen oder Wehentätigkeit

Diagnostik

- Spiegeleinstellung zum Ausschluss anderer Erkrankungen, Begutachtung des Muttermunds etc.
- Transvaginalultraschall
- CTG
- Laborkontrolle

Differenzialdiagnose

Erosion der Portio, verstärkte Zeichnungsblutung, vorzeitige Plazentalösung, Varizen, Zervixkarzinom

Therapie

- Richtet sich nach der Blutungsstärke
- Bei starker und mittelstarkter Blutung Sectio caesarea
- Bei Plazenta praevia marginalis oder tiefsitzender Plazenta je nach Blutung und Muttermundbefund auch vaginale Entbindung, wenn möglich, anstrebbar
- Bei schwacher Blutung zunächst konservative Therapie (Bettruhe, Tokolyse etc.)

41.2.4 Vorzeitige Plazentalösung

Ursache

Es kommt zu einer Blutung zwischen Plazenta und Uterusinnenwand. Das entstehende retroplazentare Hämatom führt zur Ablösung der Plazenta bei Präeklampsie, Hypertonus, Trauma, die Ursache aber bleibt unklar.

Klinik

- Plötzlich einsetzender Unterbauchschmerz
- Hartes Abdomen, druckdolenter Uterus (»Holzuterus«) durch Dauerkontraktion
- Vaginale Blutung unterschiedlicher Stärke
- Kreislaufprobleme

Diagnostik

- Schnell Entscheidung nach Klinik der Patientin und CTG
- Ultraschall, wenn Klinik nicht eindeutig
- SS-Alter

Therapie

- Sofortige Sectio caesarea
- Kreislaufstabilisierung

41.2.5 Eklamptischer Anfall

Ursache

Vasospasmus der Hirngefäße mit generalisierten tonisch-klonischen Krämpfen im Rahmen einer Eklampsie (► Kap. 13).

Klinik

- Kopfschmerzen, Augenflimmern
- Übelkeit, Erbrechen
- Unruhe
- **Tonische Phase** (sehr kurz) mit Muskelstarre infolge der Dauerkontraktion, Zuckungen im Gesicht, Kopf steif, Arme und Beine angewinkelt, Pupillen weit, starrer Blick
- **Klonische Phase** (ca. 1–2 min) mit rhythmischen Zuckungen mit Kontraktion und Entspannung in kurzen Abständen, Beginn im oberen Körperbereich, Ausbreitung zu den Extremitäten, Zungenbiss, veränderte Atmung, Zyanose

Diagnostik

- Kreislaufkontrolle
- Neurologischer Status
- CTG und kindlicher Ultraschall
- Laborkontrolle

Differenzialdiagnose

Epileptischer Anfall, Coma uraemicum, hepaticum, diabeticum, hysterischer Anfall, Sinusvenenthrombose, Hirnblutung, Intoxikationen

Therapie

- Magnesium als Bolus, dann als Magnesiumtropf
- Antikonvulsive Therapie mit Diazepam
- Antihypertensive Therapie
- Weitere Therapie nach klinischem Befinden der Patientin

41.2.6 HELLP-Sydrom

Ursache

Das HELLP-Syndrom stellt eine Sonderform der Präeklampsie dar, seine Primärursache ist ungeklärt. Die Symptomatik entsteht warscheinlich durch eine Störung in der Mikrozirkulation und eine damit verbundene intravasale Gerinnungsaktivierung.

Klinik

- Oberbauchschmerzen
- Kopfschmerzen
- Sehstörungen, Augenflimmern
- Übelkeit und Erbrechen
- Ödeme

Diagnostik

- Laborkontrolle
- Kreislaufkontrolle (RR, Puls etc.)
- Neurologischer Status
- Ultraschall

Differenzialdiagnose

Akute Hepatitis, Cholezystolithiasis, Morbus Werlhof, Morbus Moschkowittz, akute Schwangerschaftsfettleber

Therapie

- Beendigung der Schwangerschaft, meist durch Sectio caesarea
- Stabilisierung der Laborwerte

41.2.7 Amnioninfektionssydrom

Ursache

Infektion der Fruchthöhle durch Bakterien bei vorzeitigem Blasensprung, aber auch bei intakter Fruchtblase, durch protrahierten Geburtsverlauf und häufige vaginale Untersuchungen

Klinik

- Fieber mit Schüttelfrost
- Tachykardie
- Druckdolenz des Uterus, Unterbauchschmerzen
- Fötider Ausfluss
- Kindliche Tachykardie im CTG

Diagnostik

- Kreislaufkontrolle
- Temperaturmessung
- CTG
- Laborkontrolle
- Mikrobiologischer Abstrich
- Ultraschall
- Ausschluss anderer Infektionen (HWI, Appendizitis, Gastroenteritis)
- Labor: Leukos, CRP

Therapie

- In schweren Fällen Beendigung der Schwangerschaft durch Sectio oder, wenn möglich, vaginal; i.v.-Antibiose
- In leichteren Fällen Versuch der Stabilisierung durch hochdosierte i.v.-Antibiose

41.2.8 Nabelschnurvorfall

Ursache

Bei vorzeitigem Blasensprung, Polyhydramnion, Querlage, Fußlage, Mehrlingsgeburt, Multipara kann es wegen mangelhafter Abdichtung vor oder neben dem vorangehenden Kindsteil zum Vorfall der Nabelschnur kommen.

Klinik

- Nabelschnurschlinge von der Vulva aus sichtbar
- Nabelschnurschlinge von oder neben dem VT sichtbar in der Vagina

- Bradykardie im CTG nach Fruchtwasserabgang

Differenzialdiagnose

Nabelschnurumschlingung, V.-cava-Syndrom, Blutdruckabfall der Mutter, Einriss von Plazentagefäßen bei Blasensprung

Therapie

- Beckenhochlagerung
- Hochschieben des VT von vaginal
- Sauerstoffgabe für die Mutter
- Notsectio

41.2.9 Uterusruptur

Ursache

- Gebärmuttereinriss im Bereich des unteren Uterinsegments (inkomplette – gedeckte – Ruptur, komplette Ruptur und Abriss des Uterus von der Scheide) nach Sectio oder anderen Uterusoperationen (Myomenukleation)
- Überdehnung bei Missverhältnis oder Lageanomalie
- Geburtshilfliche Operationen (Vakuumextraktion, Forzeps)
- Trauma

Klinik

Drohende Uterusruptur

- Zunehmender Wehentätigkeit folgt Wehensturm
- Geburtsstillstand
- Suprasymphysärer Schmerz
- Hochsteigen des Retraktionsringes bis zum Nabel oder höher
- Unruhe und Angst der Schwangeren

Erfolgte Uterusruptur

- Wehentätigkeit schlagartig sistierend
- Suprasymphysärer Schmerz
- Abwehrspannung der Bauchdecken
- Höhertreten des VT, Kindsteile in der Bauchhöhle tastbar
- Fehlende KHT
- Schocksymptomatik der Schwangeren
- Vaginale Blutung

Stille Ruptur

- Unklarer Schockzustand
- Die typischen Symptome fehlen
- Wehenschwäche und Geburtsstillstand

Diagnostik

- Verfolgung des Geburtsverlaufs
- Vaginale Untersuchung auf Abweichungen vom Normalen
- Ultraschall

Therapie

- Bei Verdacht auf drohende oder erfolgte Uterusruptur Sectio caesarea
- Stabilisierung des Kreislaufs
- Ggf. Hysterektomie

41.2.10 Atonische Nachblutung

Ursache

- Kontraktionsschwäche des Uterus nach vollständiger Ausstoßung der Plazenta bei Wehenschwäche unter der Geburt
- Multipara
- Uterus myomatosus
- Uterusanomalien
- Medikamentennachwirkungen wie Tokolytika
- Kristeller-Hilfe, forcierter Credé-Handgriff

Klinik

- Stärkste massive vaginale Blutung
- Großer, schlaffer Uterus, Fundusstand über dem Nabel

Differenzialdiagnose

Plazentaretention, Verletzung der Geburtswege (Cerivxriss etc.), Uterusruptur, Gerinnungsstörungen postpartal

Therapie

- Uterotonika
- Volumensubstitution und ggf. Schockbekämpfung
- Minprostingabe (als Infusion oder intracavitär)
- Ausdrücken und Halten des Uterus
- Eisblase
- Entleerung der Harnblase

- Spiegeleinstellung
- Bei Verdacht auf Plazentareste Kürettage
- Austastung bei Verdacht auf Uterusruptur
- Bimanuelle Kompression
- Ultima Ratio Hysterektomie

41.2.11 Intrauterine fetale Asphyxie (Fetal-Distress-Syndrom)

Definition

Die intrauterine Asphyxie (Fetal-Distress-Syndrom) ist gekennzeichnet durch fetale Hypoxie (O_2-Abfall), fetale Hyperkapnie (CO_2-Anstieg) sowie Azidose (Sinken des ph-Wertes) infolge eines gestörten Gasaustausches zwischen Mutter und Kind. Man kann die akute intrauterine Asphyxie von der chronischen Asphyxie (chronische Plazentainsuffizienz) unterscheiden. Die chronische intrauterine Asphyxie kann unter der Geburt in eine akute Asphyxie (akute Plazentainsuffizienz) übergehen. Die akute intrauterine Asphyxie stellt eine Notfallsituation dar.

Maternale, plazentare und/oder postplazentare Störungen können eine intrauterine Asphyxie induzieren.

Diagnostik

Grundpfeiler der Diagnostik ist die externe oder interne Kardiotokographie und hierbei die folgenden Parameter:

- Basalfrequenz: Kindliche Herzfrequenz (FHF) 120–160 Schläge/min (bpm)
- Baseline: FHF-Mittelwert über 3–5 min
- Tachykardie: erhöhte FHF >10 min
- Bradykardie: erniedrigte FHF >3 min
- Akzelerationen
- Dezelerationen: erniedrigte FHF sowie Erhöhung mit zeitlicher Verzögerung zum Wehenmaximum (Spätdezeleration, intrauterine Asphyxie des Feten (DIP II). Variable Dezelarationen: Inhomogenes Kurvenbild, Verdacht auf Nabelschnurkomplikation, intrauterine Asphyxie
- Oszillation: Eine Reduktion der Oszillationsfrequenz und -ampliude kann auf eine intrauterine Asphyxie hinweisen.

! Schwere Bradykardien, DIP II, Veränderung der Oszillation und variable Dezelerationen können auf eine intrauterine Asphyxie hinweisen. Sie müssen aber im geburtshilflichen Zusammenhang gewertet werden. Grünes Fruchtwasser in der Amnioskopie kann durch eine bereits abgelaufene Hypoxie verursacht sein.

Therapie

a) Intrauterine Reanimation
   - Beckenhochlagerung, Linksseitenlage
   - Sauerstoffzufuhr: Maske, Nasensonde
   - Notfalltokolyse
   - CTG-Beobachtung 3–5 min, ggf. Geburtsbeendigung durch Notsectio bei fehlender Normalisierung der FHF
   - Gynäkologische Untersuchung (Höhenstand des VT, Muttermundweite, MBU, Fruchtblase offen)

b) Sofortige Geburtsbeendigung vaginal-operativ oder Sectio caesarea. Vorgehen nach geburtshilflichem Befund

Literatur

Cunningham FG, Leveno KJ, Bloom SL, Hauth JC, Gillstraß LC III, Wenstrom KD (2005) Williams Obstetrics, 22nd ed. McGraw-Hill, New York

Distler W, Riehn A (2006) Notfälle in Gynäkologie und Geburtshilfe, 2. Aufl. Springer, Berlin Heidelberg

Flesche CW (1997) Wiederbelebung und Notfallmedizin – Was muß der Gynäkologe in Klinik und Praxis wissen? Gynäkologe 30: 812–820

Magpie Trial Collaborative Group (2002) Do women with pre-eclampsia, and their babies, benefit from magnesium sulphate? The Magpie Trial: a randomised placebo-controlled trial. Lancet 359: 1877–1890

National High Blood Pressure Education Program (1990) Working Group Report on High Blood Pressure in Pregnancy. Am J Obstet Gynecol 163: 1689–1712

Wacker J, Werner P, Schulz M, Henschel B, Bastert G (1999) Aktuelle Aspekte in der antihypertensiven Therapie bei Schwangeren mit Präeklampsie. Zentralbl Gynäkol 121: 631–636

Wacker J, Baldé MD, Bastert G (2005) Obstetrics unplugged, 2nd ed. Printhouse, Heidelberg

Wacker J, Wagner BK, Briese V et al. (2006) Antihypertensive therapy in patients with pre-eclampsia: A prospective randomised multicenter study comparing dihydralazine with urapidil. Eur J Obstet Gynecol Reprod Biol 127: 160–165

Stichwortverzeichnis

A

Abortabrasio 377
Abortion, missed 91
Abortkürettage 91
Abortursachen 88
Abortus
- febrilis 92
- imminens 89, 90
- incipiens 90
- incompletus 91
- inkompletus 90
Abrasio 377
Abruptio placentae 119
Abstrich, zytologischer 368
Abszess, perityphlitischer 376
Actinomyces israeli 209
add back 200
Adenomyosis uteri 201
Adhäsionen 218
Adipositas 138, 139, 154, 243, 362
Adnexektomie 362
- bilaterale 363
Adnexitis, tuberkulöse 211
Adnextumore 350
Akupunktur 161, 185
Amenorrhö 216, 271, 356
Amnioninfektionssyndrom 102, 103, 105, 106
Amniozentese 101, 102
Anästhesie 169
- allgemeine 184
Anfall
- eklamptischer 119, 120, 123, 132, 133, 134, 383
Angiosarkom 338
Anorexia nervosa 271
Anorexie 112
Anovulation 216
Anthrazykline 326, 330, 331, 341
Antibiose 100, 209
- prophylaktische 103, 240
Antibiotika 211
Antibiotikaprophylaxe 238, 241
- perioperative 238
Antidiabetikum, orales 219
Antikonzeption 98
Antikonzeptiva, orale 192
Antikörpersuchtest 39, 42
Antikörpertherapie 337
Antiöstrogene 364
Antioxydanzien 120
Antiseptika 238
Antrazykline 364
Apgar-Scores 150
Appendektomie 243
Appendizitis 110, 131, 376, 377
Armlösung
- klassische 163
- Müller 163
Aromatasehemmer 222, 328, 339, 340, 344
Arthralgien 329
Asphyxie
- intrauterine 100
- kindliche, drohende 176
- Neugeborene 150
Asthma bronchiale 121, 187
Atemdepression 103, 123
Atemfrequenz 124
Atemnotsyndrom 104
Atemnotsyndromprophylaxe 102
Atemstillstand 123
Atonie 187
AUC (area under the curve) 353
Augenhintergrundveränderungen 143
Austreibungsperiode 176
Auswirkungen, Ketonämie 120
Autoantikörpernachweis 146
Axilladissektion 320
Azoospermie 218, 226

B

Bakteriurie 35, 262, 263
- asymptomatische 263
- signifikante 266
Bandeinlage
- spannungsfreie
- - Ulmsten 234
Basaltemperatur 217
Basismammographie 273
Beckenanomalie 162
Beckenausgangszange 104
Beckenbodeninsuffizienz 230
Beckenbodenstatus 230
Beckenbodenstörungen 152
Beckenbodentraining 233
Beckenendlage 104, 160
Beckenendlagengeburt 162
Beckenendlagenstudie 14, 15
Belastungsinkontinenz 230
Beschwerden, klimakterische 270
Betamethason 133
Betamimetika 62
Bevacizumab 342, 343, 344
Biofeedbackverfahren 233
Biopsien, Stanz-/Vakuum 299
Bisphosphonat 329, 341
Bizepssehnenreflex 124
Blasenkatheter, suprapubische 266
Blasensprung 103, 105
- frühzeitiger 171
- Prävention 107
- vorzeitiger 35, 100, 101, 102, 105, 106, 161, 384
Blutdruckmessung
- ambulante 24-Stunden 118
- kontinuierliche 120
Blutdruckschwankungen 104
Blutdruckselbstmessung 118
Blutgerinnungsstörungen 130
Blutung 134
- dysfunktionelle 192
- intrakranielle 161
- intrazerebrale 132
- irreguläre 368
- irreguläre vaginale 368
- postpartale 184
- zerebrale 119
Blutungskomplikationen 131
Blutungsstörungen 200
Blutviskosität 120
Blutzucker
- Kontrollen 145
- Messung 142, 145

- Protokoll 142
- Selbstkontrolle 142
- Zielwerte 143
Blutzuckerscreeningprogramm 34
Blutzuckerspiegel 144
Blutzuckerwerte 138
BMI 32, 142, 146, 192
Borderlinetumore (BOT) 348, 349, 350, 351, 352
Bracht-Handgriff 163
Brachytherapie 364
brain sparing 55
Bronchokonstriktion 187
Brusterhaltende Therapie 320
Brustimplantate 322
Brustkrebs 279, 284
- Früherkennung 21
Brustkrebsfrüherkennung 25, 299
Brustkrebsmortalität 299
Brustkrebssterblichkeit 295, 299
Bulimie 112

C

Candida
- albicans 256
- glabrata 256
- tropicalis 256
Candida spp. 256, 257
Caput succedaneum 179
Cerclage 14, 62, 66
- prophylaktische 93
Chemotherapie 326, 337, 364
- neoadjuvante 370
- neoadjuvanter primäre 320
- palliative 364
- postoperative platinhaltige 352
- präoperative 331
- primäre 331
- simultane cisplatinhaltige 370
Chlamydia trachomatis 100, 102, 209, 249, 251, 262
Chlamydien 262, 376
Chlamydieninfektion 36, 64, 217, 241, 249, 250, 252, 256
Cholezystektomie 130
Cholezystolithiasis 384
Chorioamnionitis 65, 66, 100
Choriogonadotropin (hCG) 223
Chorionkarzinom 357
Chorioretinitis 76
Chromopertubation 199
Chromosomenanalyse 93
Climacterium praecox 271, 272
Clindamycin 210
Clinical Evidence 25
Clonidin 121
CMF-Therapie 326
CMV-Infektion 75
Cochrane-Datenbank 276
Cochrane Collaboration 4, 5, 6, 10, 12, 17
Cochrane Database 171, 179
Cochrane Library 13
Colitis ulcerosa 377
Computertomographie
- Abdomen 350
- Becken 350
Coombs-Test, indirekter 42
Cordozentese 43
Corpus-luteum 216
Corpus-luteum-Zysten 205
Credé-Handgriff 184, 185
CTG 145
- Ableitung 161
- Beurteilung 104
- Kontoll 161
- pathologisches 104, 118, 161
- Veränderung 161
- Veränderungen 104

D

Dammriss 178, 185
- 3. Grad 151
- 4. Grad 151
Dammrissrate 151
Dammschutz 179
Danazol 200
Delphi-Methode 22, 23
Demenzerkrankung 272
Depressionen 112, 272
Dermoide 204
Dermoidzysten 199
Deszensus 230
Dexamethason 133
Diabetes, Familienanamnese 139
Diabetes insipidus 131
Diabetes mellitus 121, 138, 144, 146, 154, 162, 240, 243, 263
Diabetische Nephropathie 144
Diabetische Retinopathie 143
Diarrhö 264
Diazepam 125
Dichte, mammographische 273, 276
Diethystilböstrol 6
Dihydralazin 121, 122
Disease Management Programm 20
Disseminierte intravasale Gerinnung (DIC) 132
Divertikulitis 377
Dopaminagonisten 219
Doppelbefundung 297, 298
Dopplersonographie 49, 52, 53, 104, 118
Dottersacktumor 357
Douglas-Abszess 208
Doxycyclin 210
Drainage, transurethrale 266
Dranginkontinenz 230, 280
Druck, intrazerebraler 121
Duktales Carcinoma in situ (DCIS) 321
Dysgerminom 357, 358
Dysmenorrhö 192, 198, 199, 200
- Kohabitation 198
Dyspareunie 150, 152
Dysplasie, schwergradige zervikale 304
Dysurie 262

E

Eigenreflexe 120
Eingriffe, vaginal-operative 176
Einschränkungen, starke 286
Eiweißausscheidung 120
Eklampsie 117, 119, 125, 130, 144
- drohende 134
- Prophylaxe 120, 133
- schwere 130
Elektrostimulationstherapie 233
Emesis 352
Endodermaler Sinustumor 357
Endometriome 204
Endometriose 199, 216, 218, 220, 224, 225, 285, 350, 377
- behandlungsbedürftige 198
- peritoneale 199
- tief infiltrierende 199
Endometriosebefall, Beckenbindegewebe 200
Endometriosis
- genitalis externa 198
- genitalis interna 198
Endometritis 36, 171
Endometritis-Adnexitis 208
Endometritis-Salpingitis 209
Endometriumhyperplasie 357
Endometriumkarzinom 266, 275, 276, 279, 283, 286, 329, 338, 357, 362, 364, 378
Endometriumresektion 192
Endomyometritis 240
Endothelzellen 130, 133
Engwinkelglaukom 232
Entbindung
- sofortige 101
- vaginal-operative 176, 180
Entbindung, vaginal-operative
- Voraussetzungen 176
Enterokokken 266
Enterozele 234
Episiotomie 104, 150, 151, 152, 162, 179, 185
Erkrankungen
- hypertensive 53
- kardiovaskuläre 272
Ernährung, parenterale 112
Erythema infectiosum 79
Erythroblastose 43
Escherichia coli 266
Estradiol 274
Estradiol-Gestagen-Präparat 200
Estradiolrezeptormodulatoren (SERM), selektive 221
Estrogene
- konjugierte equine 273
- vaginale Form 274
Estrogene (CEE), konjugierte equine 276
Estrogenpräparate, hochdosierte 274
EUG 96, 377
Exenteration 362
- hintere 363
- vordere 363
Exsikkose 110
Exteriosation 171
Extrauteringravidität (EUG) 96, 97, 376, 382

F

Faktor-V-Leiden 89
Familienplanung
- abgeschlossene 201
- nicht abgeschlossene 200
Fehlbildung
- fetale 160
- uterine 160
Fehlbildungsrisiko 139
Fehlgeburt 89
Fertilität 199
Fibrose, zystische 226
Fitz-Hugh-Curtis-Syndrom 208
Fluor cervicalis 101
Fluor genitalis 248, 250
Flüssigkeitsbilanz 133
Flüssigkeitsretention 122
Flüssigkeitssubstitution, parenterale 111
Flüssigkeitszufuhr 125, 133
Follikulogenese 222
Folsäure 112
Forzeps 180
Forzepsentbindung 177, 178, 180
Forzepsextraktion 176
Fotokolposkop 306
Fruchttod
- intrauteriner 49, 80, 139, 144
Fruchtwasser 168
Fruchtwassermenge 101
Früherkennungsmammographie 298
Früherkennungsuntersuchung 296
- Cervix uteri 304
Frühgeburt 33, 35, 49, 60, 64, 119, 160
- drohende 100
- Prävention 107
- vorausgegangene 100
Frühgeburtenvermeidung 107
Frühgeburtenvermeidungsaktion 67, 68, 100
Frühgeburtlichkeit 7, 101, 104, 106, 107, 144
Frühgeburtsrate 226
Frühschwangerschaft 110
Fundus, Hochsteigen 184
Fundusdruck 177
Fußlage 160, 384

G

Gallensteinleiden 131
Ganzabdomenbestrahlung 353
Gardnerella vaginalis 251
Gastritis 110
Gastroenteritis 131
Gastroskopie 130, 350
GBS-Infektionen 37
Geburtseinleitung 106
Geburtstraumata 139
Geburtsverlauf, protrahierter 176, 384
Geburtsverletzungen 188
Geburtszangen 176

Genchipanalysen 326
Gerinnungsstörungen 185
Gesamtüberleben 352
Gestagene 192, 200
- hochdosierte 353
Gestagentherapie, palliative 364
Gestationsdiabetes 16, 21, 82, 138, 139, 140, 141, 142, 145, 154
Gestationsdiabetiker 143
Gewichtsabnahme 142
Gewichtsreduktion 120, 146
Gewichtsschätzung 154
Gewichtsverlust 112, 141
Gewichtszunahme 118, 142, 200
Glaukom 187
Glukose
- Stoffwechsel 142
- Toleranz 139, 141
- Toleranzstörung 140, 141
Glukosestoffwechselstörung 138
Glukosetoleranztests (OGTT), oraler 219
Glukosurie 141
GnRH-Agonisten 339
GnRH-Analoga 200, 218, 220, 330, 340, 353
GnRH-Analoga mit Add-back-Therapie 205
Gonokokken 262, 376
Gonorrhö 249, 250, 252
GRADE-System 24
Grading, histologisches 336
Granulosazelltumor 356
Granulosazelltumoren 355
Gravidität, ektope 209, 210
Gynandroblastome 355

H

Halothan 184
Hamilton-Handgriff 185, 186
Hämoglobin (HbA1c), glykosilierte 141
Hämokonzentration 111, 125
Hämolyse 130, 131
Hämolytisch-urämisches Syndrom 131
Handgriff
- Bracht 163
- Credé 184, 185
- Hamilton 185
HAPO-Studie 141
Haptoglobin 131
Harninkontinenz 231, 234, 263, 280
- passagere 100
Harnwegsinfekte 139
- akute 265
- komplizierte 263
- obere 263
- unkomplizierter 265
Harnwegsinfektion 238, 262
- Bestrahlung 266
- nosokomiale 262
- obere 264
- postoperative 266
- rezidivierende 266, 267
- unkomplizierte 263, 264, 267
- wiederkehrende 267
Haut-Muskel-Lappen 322
Hautveränderungen, akneartige 200
HbA1c 144
Hegar-Stift 377
HELLP-Syndrom 117, 130, 384
Heparinisierung 92
- prophylaktische 111, 112
Hepatitis 131
- akute 384
Hepatitis-B-Infektion 36
HER-2-neu 340
HER-2-neu-Rezeptor 339
HER2-Rezeptor 330
HER2-neu-Status 326
Herceptin 326, 331, 332
Herpes, neonatorum 77
Herpes-simplex-Virus Typ 1 252
Herpesviren 262
Herpes genitalis 249, 250, 256
Herzerkrankungen, koronare 286
Herzinfarkt 272, 278, 281, 283
Herzinsuffizienz 121
Herzrhythmusstörung 123
Herzstillstand 123
Herzvitium 176
High-risk-HPV-Infektion 368
Hirninsulte 283
Hirnmetastasen 357
Hirnödem 132
Hitzewallungen 276
HIV-Enzephalopathie 82
HIV-Infektion 81, 82
Hochfrequenzschlinge 310
Hochrisikopapillomaviren, humane 304
Hochvoltbestrahlung, perkutane 370
Hodenbiopsie 218
Holzuterus 383
HOMA-Index 219
Hormonale Kontrazeption 257
Hormonersatztherapie 270
hormone replacement therapy 270
Hormonrezeptoren 326
Hormonrezeptorstatus 337
Hormonsubstitution 270
Hormontherapie 343
- Antiöstrogen 357
- Gestagene 357
HPV-Infektion 256, 304
HPV-Nachweis 308
HPV-Nachweissysteme 308
HPV-Typen 304
HRT 270, 273, 281, 286
- sequenzielle 275
- transdermal 274
Human-insulin 143
Humane Papillomaviren 309
Hydrops fetalis 42, 43, 55, 80
Hydrosalpinx 205
Hydroxyethylstärke (HES) 125
Hydrozephalus 162
Hyperandrogenämie 216, 219
- adrenale 217
- ovarielle 217
Hyperbilirubinämie 145
Hyperemesis gravidarum 110, 112, 131

Hyperglykämie 21
Hyperinsulinismus 139
Hyperkoagubilität 130
Hypermenorrhö 192, 193
Hyperprolaktinämie 216, 217, 219
Hyperreflexie 134
Hypertonie 274
- chronische 117
- milde 121
- Schwangerschaft 116, 120, 139
- schwangerschaftsinduzierte 116
- schwere 123
Hypertonus 383
- arterieller 144
Hypoglykämie 145
Hypogonadismus 271
Hypokalziämie 145
Hypothermie, Neugeborene 103
Hysterektomie 193, 194, 217, 310, 351, 362, 363, 377
- abdominale 188, 193, 242
- geburtshilfliche 184
- laparoskopische 4
- laparoskopisch-assistierte vaginale (radikale) 363
- radikale vaginale 369
- Schauta-Amreich 369
- suprazervikale 193
- totale 363
- vaginale 193, 242
Hysteroskopie 217, 377

I

ICSI-Therapie 226
Immature Teratomen 357
Immunabwehrschwäche 240
Immuntherapie 326, 353
In-vitro-Fertilisation (IVF) 224, 226
Indikation
- kindliche 150, 151
- mütterliche 150, 151
Infektion
- aszendierende 100, 217, 376
- CMV 76
- Herpes simplex 77
- nosokomiale 238, 244
Infektionsprävention 239
- antibiotische 266
Infektionsrisiko 239
Inkontinenz 152, 230
Insemination, intrauterine 225
Insuffizienz, Corpus-luteum 216
Insulin
- Antagonisten 139
- Aspart (NovoRapid) 143
- Bedarf 139, 143
- Infusion 142
- Konzentration 143
- Pumpe 142
- Pumpentherapie 142
- Sekretion 139
- Substitution 142
- Therapie 139, 142, 143
Insulinbedarf 138
Insulinbestimmung 219
Insulinresistenz 219, 220
Insulinsensitizer 219
Insult, zerebraler 119
Intubationsnarkose 188
IVF 225
IVF-Behandlung 379

K

Kachexie, tumorinduzierte 353
Kaiserschnitt 169
- Cohen-Schnitt 169
- Ferdinand Kehrer 169
- Joel-Cohen 169, 172
- Johannes Pfannenstiel 169
- Längsschnitt 169
- Misgav-Ladach 172
- Munro-Kerr 169
- Pfannenstiel-Schnitt 169, 172
- traditioneller 172
- wiederholter 171
Kalziumantagonisten 123
Kandidakolpitis 258
Kandidose 250
- vulvovaginale 249, 251, 256, 258
Kardiotokographie 34
Karzinom, inflammatorisches 321
Karzinome
- kolorektale 281
- mikroinvasive 369
- multizentrische 321
Katheterembolisation 194
Kaudales Regressionssyndrom 138
Keilresektion 224
Keimstrang-Stroma-Tumoren 355
Keimzelltumore 357, 359
- maligne 358
Ketonämie 142
Ketonurie 110
KHK koronare Herzerkrankungen 277
Kinderlosigkeit, ungewollte 216
Kinderwunsch, unerfüllter 220
Kjelland-Zange 177
Klimakterischen Beschwerden 270
Klimakterische Symptome 286, 329
Knochenmarkkarzinose 341
Knochenmarksuppression 353
Knochenmetastasen 341
Kochsalzrestriktion 120
Kochsalzzufuhr 120
Kolonkarzinom 286
Kolorektale Karzinome 281
Koloskopie 350
Kolpektomie
- partielle 363
- totale 363
Kolpitis 256, 257
Kolposkop 305
Kolposkopie 305, 368

Kolposkopiedokumentation 306
Kolposkopische Evaluierung 310
Kolposkopische Untersuchungen 305
Kolposuspension
- abdominale
- - Burch 234
Kombinationstherapie 352
Komplikationen, mütterliche 119
Konfidenzintervall (KI) 12
Konisation 310, 368, 369
Kontaktbestrahlung, intrakavitäre 370
Kontaktblutungen 368
Kontrazeption, hormonale 257
Kontrazeptiva, monophasische 200
Konustherapie 233
Koronare Herzerkrankungen (KHK) 272, 282, 286
Körpergewicht 142
Kortikoidgabe
- antepartale 133
- postpartale 133
Kortikosteroide 222
Krebsfrüherkennungsprogramm 304, 368
Krebsvorsorge 21
Krukenberg-Tumor 350, 359
Kürettage 377

L

Labienriss 185
Lactobacillus
- acidophilus 253
- crispatus 253
- jensenii 253
Laktobazillen 253
Längsschnitte 169
Laparoskopie 98, 193, 199, 205, 211
- Chromopertubation 217
- Nachweis der Salpingitis 208
- operative 200, 376
Laparotomie 205, 211
- Mini- 193
Lapatinib 342, 344
Larynxödem 132
Laserkoagulation 144
Laserkonisation 310
Lebererkrankungen 110
Leberhämatom 119, 134
- subkapsuläres 132
Leitlinien
- S1 27
- S3 27
- Stufe 2 27
- Stufe 3 27
Leitlinienbewertung (DELBI) 26
Leopold-Handgriff 160
Leukämie, sekundäre 338
Likelihood-Ratio 12
Linea arcuata 169, 172
Linksherzinsuffizienz 119
Lokalanästhesie 176
Luftembolie 169
Lungenembolie, Prophylaxe 112
Lungenkarzinom 338
Lungenödem 123, 125, 132, 133, 187
Lungenreife
- Behandlung 105
- Induktion 103, 104, 105, 106
- kindliche 104
Lungenreifung 133
- von Frühgeborenen 6
Lupus erythematodes, systemischer 131
Lutealphasensubstitution 223
Lymphabfluss 348
Lymphabflusswege 317
Lymphangiosis carcinomatosa 321
Lymphknoten, paraaortale 370
Lymphknotenbefall, pelviner 370
Lymphödeme 322
Lymphonodektomie
- axilläre 320, 321
- operative axilläre 322
- paraaortale 351, 362, 363, 370
- pelvine 351, 362, 363
- systematische 363

M

Magnesium 120
Magnesiumgabe, orale 120
Magnesiumkonzentration 124
Magnesiumsulfat 63, 123, 124, 125, 133
Magnesiumwirkung 123
Makrosomie 141, 145, 155, 156, 184
Maligne Keimzelltumoren 358
Mammakarzinom 16, 21, 22, 23, 204, 220, 276, 283, 284, 285, 286, 297, 299, 300, 320, 326, 327, 328, 336, 359
- DMP 20
- Früherkennung 294, 316
- inflammatorisches 331
- inoperables primäres 331
- kontralaterales 337
- metastasiertes 336, 339
- Selbstuntersuchung 294, 316
Mammakarzinomscreening 4
Mammographie 295, 296, 297, 298
Mammographiebefundung 298
Mammographiefrüherkennungsprogramm 298
Mammographiescreening 296, 297, 299, 300
Mammographische Dichte 273, 276
Manöver
- Rubin 156
- Woods 156
- Zavanelli 156
Manualhilfe nach Bracht 4
Marsupilisation 377
Mastektomie 16, 337
- radikale 320
Mastektomie (MRM), modifiziert radikale 320, 321
Meckesheim 169
Medical Subject Headings (MeSH) 8
Mehrlinge 184
Mehrlingsgeburt 384

Mehrlingsgravidität 160
Mehrlingsschwangerschaften 53, 55, 83
Menarche, frühe 362
Menigiosis 342
Menopausale Symptome 276
Menopause 270, 272
– späte 362
Menopausenstatus 326, 328
Menopause Rating Scale (MRS) 270
Mesenterialkarzinose 352
Messerkonisation 310
Metastasen
– Leber 341
– Lunge 341
– ossäre 341, 342
Methotrexatbehandlung 98
Methyldopa 121
Methylenblau 100
Metoprolol 121
Metrorrhagien 362
Migrantinnen 138
Mikroalbuminurie 144
Mikroverkalkungen 299
Miktionstagebuch 230
Minderperfusion, uteroplazentare 123
Mirena 200
Mischinkontinenz 230
Misgav-Ladach
– Kaiserschnitt 168, 172
– Krankenhaus 168
– Methode 168, 173
Missverhältnis, relatives 161
Morbidität, kindliche/mütterliche 180
Morbus Alzheimer 279, 281, 282
Mortalität, perinatale 138
Moxibustion 161
MR-Mammographie 294, 299
Multicenterstudie 16
Multifokalität 337
Multiorganversagen 131
Multiparität 184
Munro-Kerr, John Martin 170
Muskeldystrophie Duchenne 226
Muttermundverschluss 93
– totaler 66
Mutterschaftsrichtlinien 33, 34, 37, 38, 39, 80, 140
Myalgien 329
Mycobacterium tuberculosis 209
Mykoplasmen 251, 262
Myokardinfarkt 144
Myome 88, 218
– intrakavitäre 223
– submuköse 193, 223
– uterine 192
– Wachstum 192

N

Nabelschnurschlinge 384
Nabelschnurvorfall 161, 162
Nachblutung, atonische 385
Nachkürettage 92, 93
Nachsorge 338, 355
Nadelbiopsien 298
Nägele-Zange 177
Nähen
– einschichtiges 171
– zweischichtiges 171
Neisseria gonorrhoeae 100, 102, 209, 249, 251
Neoplasien
– intraepitheliale zervikale 304
– zervikale intraepitheliale 368
Nephritis, chronische interstitielle 262
Nephropathie, diabetische 144
Nephrotoxizität 352
Nervenlähmungen 178
Netzhautablösung 176
Neuralrohrdefekte 38, 138
Neurotoxizität 352, 353
Neutropenien, febrile 353
Niereninsuffizienz, dialysepflichtige 144
Nierenversagen 119
– akutes 132, 144
Nifedipin 122, 123, 125, 134
Nikotinabusus 100
NNT (number needed to treat) 12
Nodalstatus 336
Notsectio 385
Nüchternblutzuckerwerte 139

O

Oberbauchschmerzen 130, 131
OBT 34
Ödeme 119
– kardiale 123
Ödemneigung 122
Oligohydramnion 101, 161
Oligomenorrhö 217
Omentektomie 351, 356, 363
Omphalozele 162
Onkoplastische Operation 320
Operation
– brusterhaltende 320
– geburtshilfliche 385
– onkoplastische 322
Operation, abdominelle
– klassifiziert nach Piver 369
– Latzko 369
– Meigs 369
– Okabayashi 369
– Wertheim 369
Operationsverfahren, laparoskopisches 193
Ophthalmia neonatorum 36
Opiatantagonisten 220
Osteonekrose 341
Osteopenie 271
Osteoporose 270, 271, 276, 279, 286
Osteoporoseprävention 280
Osteoporoserisiko 329
Osteosynthese 342
Östrogen-Gestagen-Kombinationen 205
Ovarialendometriome 200
Ovarialfunktion 199
Ovarialinsuffizienz 216, 217, 221
– hypergonadotrope 217, 226
– hypothalamische 216, 220

– primäre 216
Ovarialinsuffizienz (PCOS)
– hyperandrogenämische 219
Ovarialkarzinom 204, 205, 284, 348, 349, 350, 351, 352, 357, 378
– Rezidiv 354
Ovarialsyndrom, polyzystisches 362
Ovarialtumore, maligne 348, 359
Ovarialzyste 204
Ovarialzystenruptur 376
Ovarmetastasen 359
Ovulationsinduktion 221, 225
Ovula nabothi 307
Oxford-Schema 230
Oxytozin 91
Oxytozinbelastungstest (OBT) 34
Oxytozindauertropfinfusion 186
Oxytozininfusion 162, 177

P

PAP-Gruppe 309
Papillomaviren, humane 309
Paraovarialzyste 205
Partnertherapie 210
PCO-Syndrom 204
PCOS 220
PEI-Schema 358
pelvic inflammatory disease 208
Periduralanästhesie 104
Peritonealkarzinose 352
– disseminierte miliare 352
Peritonealzyste 205
Peritonitis 211, 376
Pessaranwendung 232
PET 294
Pfählungsverletzungen 378
Pfannenstiel-Querschnitt 169
Pfropfpräeklampsie 117
Phenytoin 133
Phototherapie 180
Phytoestrogene 276
PICO-Regel 7
PICO Format 10
Pilze 262
Pilzinfektionen 249
Placenta praevia 161, 162, 184
Plastiksaugglocke 180
Plazenta 184
– Retention 185
– unvollständige 184
Plazentainsuffizienz 47, 48, 55, 162
Plazentalösung
– manuelle 188
– vorzeitige 132, 383
Plazentarest 184
Plazentaretention 185
Plazenta praevia 383
Pleuraerguss, maligner 341
Pleurodese 341
Plexuslähmungen 139
Plexusläsionen 161
Plexusparese 155
Plexusschaden 154
Polydipsie 141
Polyglobulie 145
Polyhydramnion 100, 160, 184, 384
Polypen 218
Polyvinylpyrrolidonjod (PVP-Jod) 243
Postmenopausenblutung 348, 362
Präeklampsie 53, 54, 104, 116, 117, 119, 120, 122, 125, 130, 133, 139, 144, 176, 383
– schwere 123, 125
– therapierefraktäre 134
Präimplantationsdiagnostik 226
Präkanzerosen, zervikale 304, 368
Präkanzerosen (CIN) 369
pre-eclampsia 13
Prednisolon 133
Prodromalsymptome 119
Prognosefaktoren 336
Prolaktinomen 219
Prostaglandinallergie 187
Prostaglandine 186, 187
Proteasen 326
Protein-S-Mangel 89
Proteinurie 117, 118
Proteus spp. 266
Pubmed 8
Pulsatilitätsindex (PI) 52
Purpura, thrombotisch-thrombozytopenische 131
PVP-Jod-Komplex 244
Pyelonephritis 131
– abszedierende 266
– akute 263
– chronifizierte 264
– chronische 262
– fokale 266
– Schwangerschaft 264
Pyosalpinx 205

Q

Quadrantektomie 320
Querlage 384
Querschnitt, unteren Uterinsegment 170

R

Radiatio 321
Radiatio der Thoraxwand 338
Radiotherapie 16, 369
– postoperative 370
– primäre 370
Reflexstatus 124
Regel, PICO 7
Regionalanästhesie 169
Regionalnarkose 180
Regressionssyndrom, kaudales 138
Rektosigmoidoskopie 199
Rektoskopie 368
Rektozele 234
Renin-Angiotensin-Aldosteron-Systems (RAAS) 119, 122
Reproductive Health Library 9
Reproduktion, assistierte 218
Resektion, hysteroskopische 193
Restaging 337
Retikulozyten 130

Retinopathie, diabetische 143
Rezidiv 355
– frühes 337
– intraperitoneales 354
– Ovarialkarzinom 354
– spätes 337
Rezidivrisiko, individuelles 326
Rezidivsituation 353
Rezidiv des Mammakarzinoms, lokoregionäres 336
Rhesusprophylaxe 44, 161
– postpartale 43
Riboflavin 120
Ringelröteln 79, 80
Risikoreduktion 11
Rollerballablation 193
Röntgenmammographie 294, 296
Röteln 74
– Immunglobulinprophylaxe 75
– Impfung 75
Rötelnembryopathie 75
Rubellavirus 75
Rupturen 170

S

Saktosalpinx 224
Salpingektomie 98
Salpingitis-Adnexitis 208
Sauerstoffmangel 161
Saugglocke 178
Schädelfrakturen 178
Scheidenriss 185
Schilddrüsenfunktion 217
Schiller-Jodprobe 305
Schizophrenie 272
Schnellschnittuntersuchung 321
Schnittführung 320
Schock
– anaphylaktischer 381
– hämorrhagischer 185
– kardiogener 380
– septischer 381
Schockzeichen 184
Schulterdystokie 139, 152, 156
– hohe 154
– Risiko 145
– tiefe 154
Schwangerenversorgung 21
Schwangerschaft
– abdominale 96
– extrauterine 205
– interstitielle 96
– ovarielle 96
– Prolongation 132
– tubare 96
– zervikale 96
Schwangerschaftsabbrüche 242
Schwangerschaftserkrankung, hypertensive 47, 55, 123
Schwangerschaftsfettleber, akute 131, 384
Screening
– Ersttrimester 34
– HbSAg 37
– HIV 37
– Hypergykämie 21
– Mammakarzinom 25
– Organ 33
Sectio 119, 151, 162
– primäre 162, 164
– sekundäre 152
– Zustand nach 187
Sectio caesarea 105, 180, 242, 384
– elektive 155
Sectiorate 104
Segmentresektion 320
Sehstörungen 125
Sekretion, pathologische 317
Sekundäre Leukämie 338
Selbstuntersuchung 295
Sentinel-Lymphknoten 320, 321, 322, 371
Sentinel-Node-Biopsie (SNB) 322
Septen 218
Serome 172
Sertoli-Leydig-Zell-Tumoren 356
Sertoli-Zell-Tumoren 355
Sichelzellanämie 79
Sicherheitabstand 320
SIGN-Gruppe 24
Sinustumor, endodermaler 357
Spasmolytika 184
Spermatozoeninjektion (ICSI), intrazytoplasmatische 225
Spermiogramme 218
Sphärozyten 130
Spinalkanalkompression, symptomatische 342
Spontanabort, wiederholter 93
Steißlage 160
Sterilität 198, 199, 210, 216, 218
– andrologische 225
– tubare 224
– tubarer 242
Sterilitätsdiagnostik 201, 218
Sterilitätseingriff 242
Sterilitätstherapie 217, 224
Steroide 6
Stieldrehung, akute 376
Stimulation, ovarielle 222
Stimulationsbehandlung 222
Stimulationstherapie 222, 223, 224, 379
– Clomifen 220
– ovarielle 221, 224
Strahlentherapie, primäre 363
Streptokokken, Gruppe B 100, 102
Substitutionstherapie 223
Swan-Ganz Katheter 133
Sympathikus, Aktivität 119
Symphyse 179
Symphysen-Fundus-Abstands 47
Symptome
– klimakterische 286, 329
– menopausale 276
– zentrale 119
Syndrom
– hämolytisch-urämisches 131
Systemtherapie, adjuvante 326
Szintimammographie 294

T

Tachykardie 121
Tamoxifen 328, 329, 330, 331, 338, 353, 364

Taxan 330
Taxane 327, 341, 353, 364
Teletherapie 364
Tentoriumrisse 178
Teratomen, immature 357
Thalassämie 79
Therapie 341
- -Radio 16
- adjuvante 336
- antiendokrine 328, 329
- antihypertensive 16, 104, 123, 132
- antimikrobielle 209
- antiretrovirale 82
- brusterhaltende 16, 337
- dosisdichte 328
- endokrine 337
- verlängerte adjuvante 329
Thermographie 294
Thromboembolien 277
Thrombose
- Prophylaxe 112, 188
- Risiko 188
Thrombosegefahr 111
Thrombosen 329
Thromboserisiko 273
Thrombozyten
- Aktivität 130
- erhöhter Verbrauch 130
Thrombozytenaggregation 130
Thrombozytenwerte 132
Thrombozytopenie 130, 131
Tibolon 200
Tokolyse 7, 8, 62, 100, 101, 103, 104, 105, 106, 161
Tokolytika 14, 184
TORCH 72
Toxoplasmose 38, 72
Trachelektomie 369
Tranquilizer 125
Transfusion 184
Transmissionsrisiko, maternofetales 82
Trastuzumab 330, 339, 340, 342, 344, 353
Trendelenburg-Position 168, 169
Trichomonaden 262
Trichomoniasis 249, 250, 251, 252
TRIP-Database 9
Trisomie 88
Tubarruptur 98, 382
Tubenchirurgie 96, 224
Tubendurchgängigkeit 217
Tubenverschluss 217
- distaler 224
- postentzündliche 224
Tuberkulose 205
Tuboovarialabszess 211, 240
Tumore 369
Tumormarker
- CA 125 350, 355
- CA 19-9 350
- CA 72-4 350

U

Ulcus duodeni 131
Ultraschalluntersuchung 32
Unterbauchschmerzen 199
Untersuchung
- andrologische 218
- kolposkopische 305
Urapidil 121, 123, 125, 134
Ureaplasmen 262
Urethrastressprofil 232
Urolithiasis 131
Uterotomie, Querschnitt 169
Uterotonika 184
Uterrusruptur 380
Uterus
- Anomalie 184
- Erschlaffung 184
- Massage 185
- myomatosus 199
- OP 187
- Trauma 184
- Überdehnung 184
Uterusatonie 184
Uterusmassage 185
Uterusmyom 205
Uterusprolaps 234
Uterusruptur 385
Uterussepten 223
Uterus bicornis 205
Uterus myomatosus 192, 220, 285, 385

V

V.-cava-Syndrom 385
Vaginalrisse 178
Vaginalsonographie 349
Vaginalzysten 152
Vaginose, bakterielle 35, 64, 100, 249, 250, 251, 252
Vakuumextraktion 176, 178, 179, 180
Vakuumextraktor 180
Vakuummodelle 178
Varizella zoster 78
Varizellensyndrom, kongenitales 79
Veit-Smellie 163
Venenkatheter, zentraler 133
Verbrauchskoagulopathie 131, 185
Virilisierung 356
Vitamine
- Folsäure 112
- Gruppe B 112
- Vitamin K 112
Vitamin E 120
Vitamin C 120
Vitamin K 112
Vollnarkose 180
Volumenmangelschock 380
Vorderwandplazenta 161

W

Wachstumsdiskordanz 47
Wachstumsretardierung 144
- fetale 101
- intrauterine 46, 53, 55
Wehenschwäche
- primäre 184
- sekundäre 176

Wehentätigkeit
- vorzeitige 6, 66, 100, 139
Wendung 162
- äußere 161
Wendungsversuch 161, 162
Wiederherstellung der Brust 322
Wochenbett 188
Wundinfektionsrate 242
Wunschsectio 152

Z

Zangenmodelle 176, 177
Zentralvenenkatheter 185
Zervixinsuffizienz 61, 93, 100
Zervixkarzinom 8, 89, 266, 304, 308, 309, 368, 371, 378
- Radiotherapie 370
Zervixkürettage 368
Zervixlänge 33, 66
Zervixrisse 180, 185
Zervizitis-Adnexitis 208
ZNS-Metastasierung 342
Zysten, Corpus-luteum 205
Zystische Fibrose 226
Zystitis
- abakterielle 262
- akute 264
- bakterielle 262
- interstitielle 232
Zystoskopie 350, 368
Zystotonometrie 231
Zystozele 234
Zytologischer Abstrich 368
Zytomegalievirusinfektion 36

Iris Endisch (Fotos)

Kassel

documenta-Stadt

deutsch english français

Wartberg Verlag

Bildnachweis
Iris Endisch

Textredaktion
Wartberg Verlag

Übersetzungen
Anthony Alcock (englisch)
Adèle Ecochard (französisch)

1. Auflage 2016

Layout und Satz: Christiane Zay, Potsdam
Druck: Druck- und Verlagshaus Thiele & Schwarz GmbH, Kassel
Buchbinderische Verarbeitung: Büge, Celle

34281 Gudensberg-Gleichen, Im Wiesental 1
Telefon: 0 56 03 - 9 30 50
www.wartberg-verlag.de
ISBN 978-3-8313-2512-2

Vorwort

Kassel – documenta-Stadt

Was ist Kassel nicht alles gewesen: Residenz von Landgrafen und Kurfürsten, Hauptstadt des Königreichs Westphalen, Sommerresidenz deutscher Kaiser, schwer zerstört nach dem Zweiten Weltkrieg, Beinahe-Hauptstadt der BRD, documenta-Stadt, plötzlich mittendrin nach der Wiedervereinigung, Unesco Welterbe und, und, und … Die Stadt hat viel erlebt und überlebt, konnte kürzlich ihr 1100. Stadtjubiläum feiern.

Doch das, was eine Stadt letztlich ausmacht, sind die Menschen, die hier gelebt haben, leben und das Leben geprägt haben und noch immer prägen. Sie, die Einheimischen (Kasseläner und Kasselaner) und Zugereisten (Kasseler), schätzen die hohe Lebensqualität, die die Stadt und das grüne Umland bieten. Sie kommen gern nach Kassel, um ein Studium aufzunehmen. Sie besuchen gern die Wasserspiele auf der Wilhelmshöhe und die neue GrimmWelt auf dem Weinberg. Sie leben und arbeiten hier und machen „ihre" Stadt bunt und lebendig.

Dieser Band zeigt Ihnen die schönsten Seiten der traditionsreichen Stadt an der Fulle, wie die Kasseläner ihre Fulda nennen, und das nicht nur im Sommer zur Zissel-Zeit …

Viel Vergnügen beim Blättern und Schmökern!

Durch die Innenstadt | The inner city | Le centre-ville

Rathaus

Eingangs der Königsstraße findet man das Kasseler Rathaus, errichtet von 1905–1909 nach den Plänen des damals noch unbekannten Dresdner Architekten Karl Roth. Es besaß ursprünglich noch einen Turm, der nach einer Beschädigung im Zweiten Weltkrieg nicht wieder aufgebaut wurde.

At the beginning of the Königsstraße is the Town Hall, built between 1905–1909 according to the plans of the then unknown Dresden architect Karl Roth. Originally it had a tower, but this was destroyed in World War Two and never rebuilt.

La mairie de Kassel se trouve à l'entrée de la rue Königsstraße. Elle a été construite entre 1905 et 1909 d'après les plans de l'architecte dresdois Karl Roth, encore inconnu à l'époque. A l'origine, le bâtiment comportait une tour qui, après sa destruction lors de la Seconde Guerre mondiale, ne fut pas reconstruite.

Königsstraße

Die Königsstraße ist die Shoppingmeile Kassels. Hier und in den Nebenstraßen sind zahlreiche Kaufhäuser und Geschäfte angesiedelt. Die Königsgalerie und der City-Point, zwei Shoppingmalls am Friedrichs- und Königsplatz, laden zum Bummeln und Verweilen ein.

The Königsstraße, as well as its side streets, is the main shopping area of the city, with department stores and shops. The Königsgalerie and City-Point, two shopping malls on the Friedrichsplatz and Königsplatz respectively, invite you to stroll through them and linger.

La Königsstraße est la rue commerçante de Kassel. Ici et dans les rues adjacentes se trouvent de nombreux grands magasins et boutiques. La Königsgalerie et le City-Point, deux centres commerciaux situés sur les places Friedrichsplatz et Königsplatz, invitent à glaner et à prendre du bon temps.

Friedrichsplatz

Auf dem Friedrichsplatz blickt das Denkmal Landgraf Friedrichs II. über den Platz auf das Fridericianum, den zentralen Ort der alle fünf Jahre stattfindenden Kunstschau documenta.

The statue of landgrave Friedrich II looks across the square to theFridericianum, the central location of the "documenta", the art exhibition event that takes place all over the city every five years.

Le mémorial du comte Friedrich II domine la place Friedrichsplatz. Son regard est tourné vers le Fridericianum, où a lieu tous les cinq ans l'exposition d'art appelée documenta.

Fridericianum

Das Fridericianum ist ein Museumsbau und war auch, entworfen von Simon Louis du Ry, von Anfang an als solcher gedacht. Es wurde 1779 vollendet und zeigt heute wechselnde Ausstellungen. Außerdem ist das mächtige Gebäude mit Portikus seit 1955 regelmäßig Mittelpunkt der documenta.

The Fridericianum is a museum designed as such by Simon Louis du Ry from its inception. It was completed in 1779 and today shows temporary exhibitions. With its imposing portico the building has regularly been the centre of the "documenta" since 1955.

Le Fridericianum a été conçu comme un musée dès les premiers plans, dessinés par Simon Louis du Ry. Achevé en 1779, il accueille aujourd'hui des expositions variées. Depuis 1955, cet imposant bâtiment à portique devient régulièrement le centre névralgique de la documenta.

Staatstheater

Das Staatstheater entstand in den Jahren 1955–1959 unweit seines Vorgängerbaus am Friedrichsplatz, der 1943 zerstört worden war. Vorausgegangen waren ein Architekturwettbewerb und zahlreiche Querelen, die schließlich zur Beauftragung des Kasseler Architekten Paul Bode führten.

Staatstheater

The Staatstheater took shape between 1955 and 1959, not far from its predecessor on the Friedrichsplatz, which had been destroyed in 1943. Before construction started there was an architectural competition and numerous disputes, which ultimately resulted in the award of the commission to the local architect Paul Bode.

Staatstheater

Le théâtre a été construit entre 1955 et 1959 non loin de l'ancien théâtre de la place Friedrichsplatz, détruit en 1943. A l'origine de cet édifice : un concours d'architecture et d'innombrables querelles débouchant sur la nomination de l'architecte de Kassel Paul Bode à la tête du projet.

Ottoneum

In direkter Nachbarschaft zum Staatstheater liegt das Ottoneum, das heute das Naturkundemuseum beheimatet. Einst war es der erste feststehende Theaterbau Deutschlands, errichtet unter Landgraf Moritz von 1603–1606 und benannt nach dessen Sohn Otto.

In the immediate vicinity of the Staatstheater is the Ottoneum, which is now the home of the Naturkundemuseum (Natural History Museum). Historically speaking, it is the first permanent theatrical building in Germany, constructed under landgrave Moritz in 1603–1606 and named after his son Otto.

Juste à côté du théâtre se dresse l'Ottoneum, dans lequel se trouve aujourd'hui le Museum d'histoire naturelle. Il fut autrefois le premier théâtre d'Allemagne, érigé sous le comte Moritz entre 1603 et 1606 et baptisé d'après le nom du fils de celui-ci, Otto.

Treppenstraße

Sie verbindet den Friedrichsplatz mit dem Ständeplatz: die Treppenstraße. Sie entstand bis 1953 und war die erste Fußgängerzone Deutschlands, was sie in den 50er-Jahren zu einer beliebten Filmkulisse werden ließ.

The Treppenstraße (Steps Street) connects the Friedrichsplatz to the Ständeplatz. When its construction was completed by 1953, it was the first pedestrian precinct in Germany, which made it a favourite background for films of the 1950s.

La rue Treppenstraße relie la place Friedrichsplatz avec la place Ständeplatz. Première zone piétonne d'Allemagne, elle fut terminée en 1953 et devint un lieu idéal pour les tournages de films dans les années 50.

Kulturbahnhof

Folgt man der Sichtachse der Treppenstraße, trifft man auf den Kulturbahnhof, den ehemaligen Hauptbahnhof. Seit Eröffnung des ICE-Bahnhofs Kassel-Wilhelmshöhe 1991 haben Kulturschaffende hier das Regiment übernommen und u. a. das Karikatur-Museum „Caricatura“ eröffnet.

If you walk up the Treppenstraße, you will come to the Kulturbahnhof, the former main railway station. In 1991, when the ICE station at Wilhelmshöhe was opened, it was taken over by creative artists, and among the various artistic centres created the “Caricatura” was opened, a museum dedicated to the exhibition of cartoons and caricatures.

En suivant la perspective de la Treppenstraße, la Kulturbahnhof – ancienne gare centrale – se dévoile au regard. Depuis l’ouverture de la gare pour lignes à grande vitesse Kassel-Wilhelmshöhe en 1991, les artistes ont investi la Kulturbahnhof et, entre autres, inauguré le musée de caricatures « Caricatura ».

Karlskirche

Nachdem sich im 17. Jahrhundert viele protestantische Glaubensflüchtlinge in Kassel angesiedelt hatten, wurde unweit des heutigen Rathauses am Karlsplatz die Karlskirche errichtet und 1710 eingeweiht. Sie beherbergt ein sog. Carillon, ein Glockenspiel mit 35 Glocken, das mehrmals die Woche erklingt und in der gesamten Innenstadt zu hören ist.

In the 17th cent. many Protestants sought refuge and settled in Kassel. In 1710, not far from the Town Hall, the Karlskirche was constructed and consecrated on the Karlsplatz. It has a carillon, glockenspiel, with 35 bells, which ring out several times a week and can be heard all over the inner city.

A la suite de l'arrivée à Kassel, au XVIIème siècle, de nombreux réfugiés protestants, on érigea la Karlskirche, inaugurée en 1710, près de l'actuelle mairie, sur la place Karlsplatz. Cette église abrite un carillon de 35 cloches qui résonne plusieurs fois par semaine à travers la ville.

Palais Bellvue

Was im 18. Jahrhundert als Observatorium errichtet worden war, wurde später für viele Jahrzehnte zum Brüder-Grimm-Museum: das Palais Bellevue an der Schönen Aussicht. Zurzeit ist es wegen Sanierungsarbeiten nicht zugänglich. Das Grimm-Museum hat oberhalb des Weinbergs eine neue Heimat gefunden.

The building originally constructed in the 18th cent. as an observatory, was for many decades the Brüder-Grimm-Museum: the Palais Bellevue an der Schönen Aussicht (bellevue). It is currently not accessible because of refurbishment work. The museum now has a new home on the Weinberg (slightly above the original location).

Il a, au XVIIIème siècle, fait office d'observatoire, pour devenir ensuite et pendant plusieurs décennies le Musée des frères Grimm : c'est le Palais Bellevue de la rue Schöne Aussicht. En raison de travaux d'assainissement, il n'est pas accessible actuellement. Le Musée Grimm a été déplacé et surplombe désormais le vignoble.

Königsplatz

Der Königsplatz trennt Obere und Untere Königsstraße und ist die Umsteigehaltestelle für alle Nutzer des ÖPNV. Seit 2005 schmücken zahlreiche Wasserspeier den ursprünglich 1767 angelegten Platz und sorgen im Sommer für Erfrischung … und mitunter nasse Füße.

The Königsplatz divides the Upper from the Lower Königsstraße. It is the central interchange stop for the buses and trams that operate in the city (ÖPNV). Since 2005 the square, laid out originally in 1767, has been adorned with numerous fountains that create a refreshing atmosphere in the summer, as well as wet feet.

Installée en 1767, la place Königsplatz sépare la rue Königsstraße en deux parties, Obere et Untere Königsstraße. C'est aussi sur cette place que s'effectuent la plupart des connexions pour les transports publics. Depuis 2005, elle est ornée de nombreux jets d'eau permettant, en été, de donner un peu de fraîcheur aux passants… et parfois de mouiller leurs pieds.

Weihnachtsmarkt

Auf dem Friedrichs- und dem Königsplatz findet alljährlich der Kasseler Märchenweihnachtsmarkt statt. Er zeigt neben zahlreichen kunsthandwerklichen und gastronomischen Ständen Szenen aus den Märchen der Brüder Grimm und die weltgrößte Märchenpyramide.

Every year the Christmas market is held on the Friedrichsplatz and the Königsplatz. In addition to the many crafts and food stalls there are scenes from the fairy stories recorded by the Grimm Brothers as well as the largest fairy story pyramid in the world.

C'est sur les places Friedrichsplatz et Königsplatz qu'a lieu chaque année le féérique marché de Noël de Kassel. Outre de nombreux stands d'artisanat et de gastronomie, on peut y voir des scènes issues des contes des frères Grimm ainsi que la pyramide de contes la plus grande au monde.

Martinskirche

Die gotische Martinskirche stammt aus dem 14. Jahrhundert. Sie wurde bei den Bombenangriffen auf Kassel 1943 stark beschädigt und erhielt im Zuge des Wiederaufbaus in den 1950er-Jahren neue Türme.

The Gothic Martinskirche was originally built in the 14th cent. and badly damaged in the bomb attacks on the city in 1943. In the course of rebuilding in the 1950s new towers were added.

L'église gothique Martinskirche a été construite au XIVème siècle. Les bombardements de Kassel en 1943 l'ont beaucoup endommagée. Lors de sa reconstruction dans les années 50, de nouvelles tours lui ont été ajoutées.

Markthalle

Einst befand sich hier am Rande der Altstadt der Marstall aus dem 16. Jahrhundert. Im Zweiten Weltkrieg wurde das Gebäude schwer beschädigt und in den 1960er-Jahren frei wieder aufgebaut. Es beherbergt heute die Markthalle, wo man von Donnerstag bis Samstag Frisches aus Kassel und der Region einkaufen kann.

This site, on the edge of the old city, was once the site of the stables built in the 16th cent. The building was badly damaged during World War Two and freely rebuilt in the 1960s. It is now home to the market where fresh produce from Kassel and the region is on sale from Thursday to Saturday.

C'était ici que, au XVIème siècle, se trouvaient les écuries, à l'orée de la vieille ville. Très endommagé pendant la seconde Guerre mondiale, le bâtiment a été rasé puis reconstruit dans les années 1960. Il abrite désormais le marché (Markthalle), où l'on peut acheter des produits frais de Kassel et de la région du jeudi au samedi.

Spuren der documenta
Traces of the documenta
Sur les traces de la documenta

documenta-Halle

1992 entstand in unmittelbarer Nachbarschaft zum Staatstheater die documenta-Halle, die nicht nur alle fünf Jahre während der documenta genutzt wird. Hier finden wechselnde Ausstellungen, Messen und Veranstaltungen statt.

This building was constructed in 1992 next to the theatre and is also used for events outside the 5-yearly documenta, such as temporary exhibitions, fairs and other events.

C'est en 1992 qu'a été construite la documenta-Halle (halle de la documenta), près du Staatstheater. Cette halle n'est toutefois pas seulement utilisée tous les cinq ans pour les besoins de la documenta. Divers salons, expositions et autres événements y sont également organisés.

Bilderrahmen

Das Kunstwerk der Künstlergruppe Haus-Rucker-Co entstand 1977 anlässlich der documenta 6. Der überdimensionale Rahmenbau rahmt den Blick auf die Orangerie und Teile der Karlsaue.

This work was created by the art group Haus-Rucker-Co in 1977 on the occasion of documenta 6. It "frames" the view of the Orangerie and parts of the Karlsaue (the park area in front of the Orangerie).

L'œuvre d'art du groupe artistique Haus-Rucker-Co est née en 1977 à l'occasion de la documenta 6. Cet énorme cadre encadre l'orangerie et le parc Karlsaue.

Himmelsstürmer …

… wird dieses von den Kasselänern heiß geliebte documenta-Kunstwerk genannt. Der „Man walking to the sky", so sein eigentlicher Titel, wurde für die documenta 9 1992 von Jonathan Borofsky entworfen und ziert heute den Vorplatz des Kulturbahnhofs.

… is the name given by local people to this well-loved documenta exhibit. The Man Walking to the Sky, its original title, was conceived for the documenta 9 in 1992 by Jonathan Borofsky and currently adorns the area in front of the Kulturbahnhof.

… (l'homme à l'attaque du ciel) est le nom donné par les habitants de Kassel à cette œuvre de la documenta très appréciée. « L'homme marchant vers le ciel » (Man walking to the sky) – c'est son vrai titre – a été conçu en 1992 par Jonathan Borofsky pour la documenta 9 et orne aujourd'hui la place menant à la Kulturbahnhof.

Penone-Baum

Der sog. Penone-Baum, eigentlich „Idee di Pietra", ist eine Bronzeskulptur, die 2012 während der documenta 13 in der Karlsaue ausgestellt wurde und nach dem Ankauf durch die Stadt dort bis heute zu besichtigen ist.

The so-called Penone-Baum, in fact Ideas of Stone, is a bronze sculpture that formed part of the documenta 13 and was placed in the Karlsaue, where, after it was purchased by the city, it can be still be seen.

L'œuvre appelée « Penone-Baum » (l'arbre de Penone), dont le véritable nom est « Idee di Pietra », est une sculpture en bronze exposée en 2012 à l'occasion de la documenta 13 dans le parc Karlsaue. Rachetée par la ville, elle peut être encore admirée aujourd'hui.

Spitzhacke

Die Spitzhacke Claes Oldenburgs erinnert an die documenta 7: Die große blaue Skulptur am Ufer der Fulda wirkt, als hätte der Herkules, das Kasseler Wahrzeichen auf der Wilhelmshöhe, sie geradewegs dorthingeschleudert.

The Pickaxe was created by Claes Oldenburg for the documenta 7. The large blue sculpture on the banks of the Fulda looks as if it might have been dragged there by Hercules, the emblem of Kassel on the Wilhelmshöhe (the end and high point of the long avenue known as Wilhelmshöher Allee).

La Spitzhacke (le piquet) de Claes Oldenburg est elle aussi un souvenir de la documenta 7 : la grande sculpture bleue se dressant sur les bords du fleuve Fulda donne l'étonnante impression d'avoir été lancée par Hercule, l'emblème de Kassel, du haut du parc Wilhelmshöhe qu'il domine.

7000 Eichen

„Stadtverwaldung statt Stadtverwaltung" war 1982 eines der Projekte von Joseph Beuys zur documenta 7: 7000 Eichen sollten gepflanzt werden, jede begleitet von einem Stück Basalt. Nach fünf Jahren war es vollbracht, der letzte Basaltstein stand neben einer frisch gepflanzten Eiche – sie bereichern bis heute das Stadtbild.

"Stadtverwaldung statt Stadtverwaltung" (City forestation instead of city administration) was one of the projects of Joseph Beuys for documenta 7 in 1982: the plan was to plant 7000 oak trees, each one accompanied by a slab of basalt. Five years later the project was completed, the last basalt slab having been placed next to a freshly planted oak. They continue to enrich the image of the city.

« Stadtverwaldung statt Stadtverwaltung » (Boiser plutôt que gouverner) était l'un des projets de Joseph Beuys pour la documenta 7 en 1982 : 7000 chênes devaient être plantés, chacun accompagné d'un morceau de basalte. Cinq ans plus tard, l'œuvre était accomplie et la dernière pierre de basalte était déposée au pied d'un chêne fraîchement planté. Les arbres font désormais partie du paysage de la ville.

Entlang der Fulda in der Unterneustadt
Along the Fulda in the Unterneustadt area
En suivant le fleuve Fulda à travers le quartier Unterneustadt

Brüderkirche

Die Brüderkirche ist die älteste bestehende Kirche Kassels und gehört zum Gebäudeensemble des Renthofs. Sie wurde 1298 als Kirche des Karmeliterordens erbaut und dient heute als Ausstellungs- und Veranstaltungsort, aber auch Gottesdienste finden hier nach wie vor statt.

This is the oldest standing church and forms part of the building complex known as Renthof. It was built in 1298 as the church of the Carmelites, the Order of the Brothers of the Blessed Virgin Mary of Mount Carmel, and is now used for exhibitions and events as well as divine services.

L'église Brüderkirche est la plus vieille église encore debout de Kassel et appartient au complexe de bâtiments du Renthof. Érigée en 1298 en tant qu'église de l'ordre des Carmélites, elle est utilisée aujourd'hui non seulement comme lieu de messe et de prière, ce qu'elle a toujours été, mais aussi comme lieu d'exposition et d'événements.

Renthof

Der denkmalgeschützte dreiflügelige Renthof stammt aus dem 13. Jahrhundert und markiert die Reste des einstigen Karmeliterklosters. Nach der teilweisen Zerstörung im Zweiten Weltkrieg und dem Wiederaufbau beherbergte er lange ein Pflegeheim. Zzt. plant die Stadt den Umbau zum Hotel.

The three-wing Renthof, now a protected building, dates back to the 13th cent. and marks the remains of the Carmelite monastery. It was partially destroyed in World War Two and rebuilt, and since then has been an old people's home. The city is currently planning to convert it into a hotel.

Le Renthof est un monument protégé du XIIIème siècle composé de trois ailes. Ses murs ont autrefois renfermé un cloître carmélite. Après sa destruction partielle lors de la Seconde Guerre mondiale et sa reconstruction, il a longtemps servi de maison de retraite. La ville prévoit maintenant de le reconvertir en hôtel.

Rondell

Das Rondell war ein Bestandteil der Stadtbefestigung und sollte die Stadt als Geschützturm gegen Angreifer von der Fuldaseite schützen. Das Innere wird heute als Ausstellungsraum genutzt, die Plattform oben beherbergt einen Biergarten. Am Rondell wird alljährlich anlässlich des Kasseler Volksfestes „Zissel“ der „Zisselhäring“ gehisst.

The Rondel was part of the city fortifications and, as a circular tower, was meant to protect the city from attack on the Fulda side. The inner part is used as an exhibition space, the platform as a biergarten. Every year during the local festival known as “Zissel” the “Zissel Herring” is suspended on the Rondel.

La rondelle faisait partie des fortifications de la ville et servait de tour de protection contre les envahisseurs qui arrivaient par le fleuve Fulda. L’intérieur de la tour est désormais utilisé comme salle d’exposition tandis que la plateforme supérieure abrite un Biergarten. C’est également à la rondelle qu’on hisse le Zisselhäring (un hareng géant) à l’occasion du « Zissel », la fête de la ville qui a lieu chaque année.

Schlagd

Sie ist so alt wie die Stadt selbst: die Schlagd aus dem 12. Jahrhundert. Am einstigen Zoll- und Umschlagplatz an der Fulda legen heute die Ausflugsdampfer an und ab.

As old as the city itself, the 12th cent. quay (Schlagd) was once a customs and trading area on the Fulda and is now the starting and finishing point for pleasure boats.

Elle est aussi vieille que la ville elle-même : c'est la digue, datant du XIIème siècle. Ce qui, à l'époque, servait de douane et de place de commerce du fleuve Fulda est aujourd'hui le lieu d'où toutes les péniches de tourisme lèvent l'ancre et accostent.

Neue Unterneustadt

Die neue Unterneustadt erstreckt sich entlang des östlichen Ufers der Fulda. Sie entstand ab 1997 auf dem früheren Messeplatz, der einige Meter weiter an den Platz der Deutschen Einheit verlegt wurde.

Die Karl-Branner-Brücke verbindet die Innenstadt mit der Unterneustadt. Ihr Namensgeber war 1963–1975 Oberbürgermeister der Stadt Kassel. Jüngst geriet der 1997 verstorbene Branner wegen seiner NS-Vergangenheit in die Schlagzeilen.

The new Unterneustadt stretches along the east bank of the Fulda. It began to take shape in 1997 on the former fairground (Messeplatz), which was relocated a few metres further on at the Platz der Deutschen Einheit.

Connects the inner city with the Unterneustadt. It bears the name of the Mayor of Kassel from 1963 to 1975. Recently Branner, who died in 1997, was in the news because of his Nazi past.

Le nouveau quartier Unterneustadt s'étend sur la rive est du Fulda. Il a été établi à partir de 1997 sur l'ancienne place Messeplatz, déplacée quelques mètres plus loin sur la Platz der Deutschen Einheit (place de l'unité allemande).

Le pont Karl Branner relie le centre-ville avec le quartier Unterneustadt, à l'est de la ville. Karl Branner, qui lui a donné son nom, fut maire de Kassel de 1963 à 1975. Mort en 1997, il est récemment tombé en disgrâce en raison de son passé nazi.

Karlshospital

Das Karlshospital wurde ab 1720 an der Fulda als Erziehungs- und Besserungsanstalt errichtet und gab in jüngerer Vergangenheit für lange Zeit kein schönes Bild ab. Ab 2006 begannen Sanierung und Umbau, sodass bald Büros und ein Restaurant einziehen konnten.

The Karlshospital dates from 1720 and was built on the Fulda as an institution for education and improvement. For quite a long time it cut a shabby figure, but in 2006 refurbishment and extension works began and it now has offices and a restaurant.

Le Karlshospital, situé sur les bords du Fulda, a été construit en 1720 comme maison de correction. L'histoire peu reluisante que renferment ses murs lui a donné mauvaise réputation jusqu'à un passé récent. Des travaux d'assainissement et de reconstruction ont débuté en 2006 en vue d'y installer des bureaux ainsi qu'un restaurant.

Auf den Spuren des Barock durch die Natur
In search of the Baroque in a natural setting
La nature, témoin de l'époque baroque

Karlsaue

Die Parkanlage, die sich entlang der Fulda auf 1,5 m^2 erstreckt, wurde im 17. Jahrhundert als dreiachsiger Barockgarten angelegt und trägt noch heute barocke Züge.

The park area, which occupies 1.5 sq. km alongside the river Fulda, was laid out in the 17th cent. as a three-axis garden and still bears traces of its original Baroque design.

Construit au XVIIème siècle comme un jardin baroque constitué de trois axes, ce parc s'étend le long du Fulda sur 1,5 m^2 et porte encore aujourd'hui certaines de ses caractéristiques baroques.

Orangerie

Die Orangerie wurde zu Beginn des 18. Jahrhunderts als Sommerresidenz der Landgrafen am nördlichen Ende der Karlsaue angelegt. Im Innern befinden sich heute das Astronomisch-Physikalische Kabinett sowie ein Restaurant.

The Orangery was built at the start of the 18th cent. as a summer residence for the landgraves at the northern end of the Karlsaue. Inside the building there is an exhibition of objects relating to astronomy and physics as well as a restaurant.

L'orangerie servait jusqu'au début du XVIIIème siècle de résidence d'été du comte. Elle se situe au nord du parc Karlsaue. A l'intérieur se trouvent aujourd'hui le Cabinet d'Astronomie et de Physique ainsi qu'un restaurant.

Siebenbergen

Das kleine Inselchen Siebenbergen am südlichen Rand der Karlsaue wurde Anfang des 18. Jahrhunderts künstlich aufgeschüttet. Die Pflanzenpracht und -vielfalt der im Stil eines englischen Landschaftsgartens bepflanzten Insel kann von April bis Oktober besichtigt werden.

The small islet Siebenbergen at the southern end of the Karlsaue was artificially created at the start of the 18th cent. The variegated splendour of the plant life on the small island, laid out in the style of an English garden, can be visited from April to October.

La petite île de Siebenbergen, au sud du parc Karlsaue, a été créée artificiellement au début du XVIIIème siècle. La splendeur luxuriante et la diversité des plantes du jardin anglais de l'île peuvent être admirées d'avril à octobre.

Kunsthochschule

Mitten in der Karlsaue liegt die Kunsthochschule Kassel mit Universitätsstatus. Als Studiengänge stehen Bildende Kunst, Visuelle Kommunikation, Produktdesign, Kunstpädagogik und Kunstwissenschaft zur Auswahl.

The Art School, which has university status, is in the middle of the Karlsaue. It offers courses in the Plastic Arts, Visual Communication, Product Design, as well as the Teaching and Study of Art.

La Kunsthochschule de Kassel est située en plein cœur du parc Karlsaue. Cette école d'art bénéficiant du statut d'université propose divers cursus : arts visuels, communication visuelle, design de produit, éducation artistique et histoire de l'art.

Buga-Gelände

Anlässlich der Bundesgartenschau 1981 in Kassel, der zweiten nach 1955, wurde das Gelände jenseits der Fulda erschlossen und über zwei neue Brücken mit dem Auedamm und der Karlsaue verbunden. Es entstanden neben Spazierwegen u. a. ein Badesee mit Sandstrand.

On the occasion of the second Bundesgartenschau (Federal Garden Show) in Kassel in 1981, the first having taken place in 1955, the area beyond the Fulda was developed and connected to the Auedamm and the Karlsaue by means of two new bridges. In addition to footpaths a bathing lake with sandy beach was also created.

Ce terrain situé sur l'autre rive du fleuve Fulda a été ouvert en 1981 et relié à l'Auedamm et au parc Karlsaue par deux nouveaux ponts, à l'occasion du Bundesgartenschau (exposition nationale biennale de jardins) qui avait lieu cette année-là à Kassel pour la première fois depuis 1955. Outre les chemins de promenade, on y trouve, entre autres, un lac pour la baignade bordé par une plage de sable.

Fuldauferweg

Der Fuldauferweg wurde 2010 eröffnet und bietet Spaziergängern die Möglichkeit abseits des Trubels und Autoverkehrs am Auedamm direkt entlang des Flusses zu flanieren.

The Fuldauferweg was opened in 2010 and provides an opportunity to stroll along the river undisturbed by the noise and exhaust fumes of car traffic on the Auedamm.

Le Fuldauferweg, un chemin de promenade sur la rive du Fulda, a été ouvert en 2010 et propose aux promeneurs de fuir les bruits de la ville et du trafic pour flâner le long du fleuve du côté de l'Auedamm.

Auebad

Das Schwimmbad an der Fulda hat eine lange Tradition, existierte schon 1923 als Flussbad und später als städtisches Schwimmbad mit mehreren Becken und einem 10-Meter-Sprungturm. 2010 erfolgte der Spatenstich für das neue Auebad mit Hallen- und Freibad sowie einer Saunalandschaft, das 2013 eröffnet wurde.

The swimming bath of this name on the Fulda has a long tradition: in 1923 there was a river bath and later the city swimming bath with several pools with a 10 m high diving board. In 2010 work started on the new bath complex with indoor and outdoor pools as well as a a sauna area, which was opened in 2013.s

La piscine au bord du Fulda est ancienne : elle existait déjà en 1923 comme partie de baignade du fleuve. Elle devint plus tard piscine municipale, dotée de plusieurs bassins et d'un plongeoir de 10 mètres. Les travaux de la nouvelle piscine Auebad, composée d'un bassin couvert, d'un bassin extérieur et d'un espace sauna, ont commencé en 2010 et se sont terminés en 2013.

Drahtbrücke

Über die Drahtbrücke gelangt man vom Auedamm in die Unterneustadt. Sie wurde 1870 als Hängebrücke über die Fulda errichtet und bietet beim alljährlichen Zissel-Umzug die besten Logenplätze.

The bridge takes you from the Auedamm into the Unterneustadt. It was built in 1870 and offers the best viewing spots during the annual Zissel river parade.

Le Drahtbrücke mène de l'Auedamm à l'Unterneustadt. Ce pont suspendu a été construit en 1870 pour relier les deux rives du Fulda et constitue un excellent point de mire pour assister au défilé lors du Zissel.

Zissel

Er ist das Volksfest in Kassel: der Zissel, der alljährlich Anfang August stattfindet. Zwar gehört auch ein Festumzug durch die Innenstadt zum Programm, doch bildet der Wasserfestumzug auf der Fulda den Höhepunkt der Veranstaltung: „Fullewasser, Fullewasser, hoi, hoi, hoi!“

The local annual festival of Kassel, the Zissel (the origin of which is unknown) starts at the beginning of August. A parade throught the inner city would normally be a standard item, but in this case it is the parade on the Fulda that forms the high point of the event: "Fullewasser (Fulda water), Fullewasser, hoi, hoi, hoi!"

Le Zissel est la fête de Kassel, qui a lieu tous les ans début août. Si un défilé à travers la ville est aussi au programme, il ne faut toutefois en aucun cas manquer le défilé sur le fleuve Fulda, point culminant du Zissel. « Fullewasser, fullewasser, hoi, hoi, hoi ! » est le cri de ralliement que vous entendrez à cette occasion.

Kulturzelt

1987 öffnete es erstmals sein Pforten: das Kulturzelt an der Drahtbrücke. Seit dieser Zeit treten hier Jahr für Jahr an lauen Sommerabenden namhafte Musiker aus aller Welt auf – ein ganz besonderes Erlebnis.

This tent, at the approach to the Drahtbrücke, opened its doors for the first time in 1987. Every year, on warm summer evenings, there are performances by well-known musicians from all over the world – a truly special experience.

Depuis l'ouverture de ses portes en 1987, la Kulturzelt, située au pied du Drahtbrücke, accueille chaque été des musiciens renommés venant du monde entier.

Vom Weinberg bis ins Märchenviertel
From the Weinberg to the Märchenviertel
Du vignoble au Märchenviertel, quartier des contes

Frankfurter Straße

Vom Henschelgarten aus hat man einen eindrucksvollen Blick über den Süden und Osten der Stadt.

From the Henschel Garden there is an impressive view of the south and east of the city.

Des hauteurs du parc Henschelgarten, la vue sur le sud et l'est de la ville est impressionnante.

Weinberg

Die kleine Parkanlage auf dem Plateau des Weinbergs, der Henschelgarten, gehörte einst zur Villa Henschel, einem Gebäudekomplex der Industriellenfamilie Henschel, der 1932 abgerissen wurde.

The small park on the plateau of the Weinberg, the Henschel Garden, once belonged to the Henschel Villa, the home of the industrialist Henschel family that was demolished in 1932.

Le Henschelgarten, petit parc situé sur un plateau qui domine le vignoble, faisait partie autrefois de la villa Henschel, une propriété appartenant à la famille d'industriels Henschel et qui fut rasée en 1932.

GrimmWelt

Um das Leben und Wirken der Brüder Grimm in Kassel gebührend zu präsentieren, wurde auf dem Weinberg ein neuer Museumsbau mit spektakulärer Terrasse geschaffen und 2015 eröffnet. Multimediale und interaktive Angebote sowie künstlerische Exponate machen die GrimmWelt zu einem Erlebnis für Groß und Klein.

In order to do justice to the life and work of the brothers in Kassel a new museum, GrimmWelt, with a spectacular terrace, was opened on the Weinberg in 2015. Multimedia and interactive installations as well as artistic exhibits make it an experience for both young and old.

Afin de restituer fidèlement la vie et l'activité des frères Grimm à Kassel, un musée arborant une magnifique terrasse a été construit dans le vignoble et inauguré en 2015. L'offre interactive et multimédia ainsi que les objets d'art exposés font de la visite du musée GrimmWelt une expérience pour petits et grands.

Museum für Sepulkralkultur

Dieses einzigartige Museum auf dem Weinberg widmet sich den Themen Sterben und Tod. Es wurde 1992 eröffnet und zeigt Exponate, die sich mit Tod, Bestattung, Friedhof und Grabmal beschäftigen, sowie wechselnde Ausstellungen.

This unique museum on the Weinberg is devoted to the subject of dying and death. Opened in 1992, it has a permanent exhibition related to the subjects of death, burial, cemetery and gravestones as well as temporary exhibitions.

Cet étonnant musée dans le vignoble est dédié au thème de la mort. Il a ouvert en 1992 et présente des objets en lien avec la mort, les funérailles, les cimetières et les tombes ainsi que des expositions temporaires.

Auestadion

1953 wurde das neue Auestadion vom hessischen Ministerpräsidenten Georg August Zinn feierlich eröffnet. Hier trägt der Regionalligist KSV Hessen Kassel seine Heimspiele aus.

The stadium was inaugurated in 1953 by the Hessian Prime Minister Georg August Zinn. It is the home of the football team KSV Hessen Kassel, where the home matches of the Regional League are played.

Le nouveau Auestadion a été inauguré officiellement en 1953 par le ministre de la Hesse Georg August Zinn. C'est dans ce stade que la ligue régionale KSV Hessen Kassel joue ses matchs à domicile.

Schloss Schönfeld

Die 1777 errichtete Sommerresidenz der Landgrafen und Kurfürsten fiel zuzeiten des Königreichs Westphalen an Jérôme Bonaparte, der hier rauschende Feste gefeiert haben soll. Nach wechselvoller Geschichte in der jüngeren Vergangenheit, beherbergt es heute ein Restaurant.

Built in 1777 as the summer residence of the landgraves and electoral princes, it became the property, at the time of the Kingdom of Westphalia, of Jérôme Bonaparte, who is said to have celebrated extravagant parties here. It has had a varied history in recent decades and is now a restaurant.

La résidence d'été des comtes et princes électeurs construite en 1777 est tombée, au temps du royaume de Westphalie, aux mains de Jérôme Bonaparte, qui y aurait organisé de somptueuses fêtes. Après une histoire riche en changements de résidents jusqu'à un passé récent, la résidence accueille désormais un restaurant.

Botanischer Garten

Im nördlichen Teil des Parks Schönfeld befindet sich der einstige Botanische Garten, der durch das Engagement eines Fördervereins 2003 aus seinem Dornröschenschlaf erweckt wurde und heute wieder zum Schauen und Verweilen einlädt.

In the north part of park Schönfeld is the former botanical garden, which was aroused from its Sleeping Beauty state by the commitment of a local association and has now become a place to be visited and enjoyed.

Dans la partie nord du parc Schönfeld se trouve l'ancien jardin botanique, réveillé de son long sommeil grâce à l'engagement d'une fondation en 2003. Il peut aujourd'hui de nouveau être visité.

Niederzwehren

Was heute der flächenmäßig drittgrößte Stadtteil Kassels ist, war früher ein Bauerndorf. Davon zeugen die zahlreichen Fachwerkhäuser im Märchenviertel Niederzwehrens.

Dorothea Viehmann, die den Brüdern Grimm die Märchen zugetragen hat, lebte in einem Fachwerkhaus im heutigen Märchenweg, was diese Erinnerungstafel dokumentiert.

Now the third largest district of the city, Niederzwehren was once a village, as can be seen from the many half-timbered houses in the "fairy tale" quarter of the district.

Dorothea Viehmann, who told the Grimms some of the stories they published, lived in a half-timbered house in the street now known as Märchenweg (Fairy Tale Way), as this plaque records.

Ce qui aujourd'hui est considéré comme le troisième quartier le plus grand de Kassel était autrefois un village paysan, en témoignent les nombreuses maisons à colombages du Märchenviertel (quartier des contes) de Niederzwehren.

Comme l'explique cette plaque commémorative, Dorothea Viehmann, qui raconta les contes aux frères Grimm, vivait dans une maison à colombages dans la rue appelée aujourd'hui Märchenweg.

Jugendstil im Westen | Art Nouveau in the West | Le Jugendstil de l'ouest

Friedrich-Ebert-Straße

Sie führt von der Innenstadt parallel zur Wilhelmshöher Allee nach Westen: die Friedrich-Ebert-Straße. Nach einer langen Zeit des Umbaus zum Boulevard wurde sie im November 2015 feierlich neu eröffnet.

Takes you from the inner city, parallel to Wilhelmshöher Allee, westwards. After lengthy rebuilding as a boulevard it was reopened in an official ceremony in November 2015.

La rue Friedrich-Ebert-Straße, parallèle à la Wilhelmshöher Allee, relie le centre à l'ouest de la ville. Elle a été rouverte officiellement en novembre 2015, après une longue période de travaux pour la reconvertir en boulevard.

Jugendstilfassaden

Der Stadtteil Vorderer Westen blieb vom Bombenhagel des Zweiten Weltkriegs weitgehend verschont, sodass die gründerzeitliche Bebauung erhalten blieb. Wer rund um den Bebelplatz mit offenen Augen umherspaziert, findet viele Beispiele des detailverliebten Jugendstils.

The quarter known as the Vorderer Westen (Near West) was largely untouched by the bombing of World War Two, with the result that original buildings there have remained intact. The area around the Bebelplatz still has a lot to offer those who have a taste for the elaborate detail of this period.

Le quartier Vorderer Westen a été en grande partie épargné par les bombardements de la Seconde Guerre mondiale. Les édifices que l'on peut y voir sont donc d'origine. En se promenant autour de la place Bebelplatz et en observant attentivement, de nombreux exemples du Jugendstil, courant architectural allemand amoureux des détails, s'offrent au regard.

Gräfestraße

Auch die Gräfestraße in Wehlheiden, ein beliebtes Wohnquartier unweit der Innenstadt, lädt zum Verweilen ein.

The Gräfestraße in Wehlheiden, a popular residential area near the inner city, is also a favourite place to stroll and linger.

La rue Gräfestraße, située dans le quartier Wehlheiden très apprécié et proche du centre, invite à la flânerie.

Wehlheider Markt

Jeden Freitag ist Markttag auf dem Wehlheider Platz und das bereits seit dreißig Jahren. An über zwanzig Ständen kann man hier frische regionale Produkte einkaufen.

Every Friday is market day on the Wehlheider Platz and has been for thirty years. Fresh local produce is available on over twenty stalls.

Depuis trente ans déjà, le vendredi est jour de marché sur la place Wehlheider Platz. Une vingtaine d'étals y proposent des produits frais régionaux.

Goethestraße

Die Goethestraße und ihre Nebenstraßen sind mit ihren zahlreichen Kneipen und Restaurants beliebte Treffpunkte der Kasseler.

The restaurants and bars of this thoroughfare and its side streets are favourite haunts of Kassel residents.

Les cafés et restaurants de la rue Goethestraße et des rues qui lui sont adjacentes font de cette partie de la ville un point de rencontre très apprécié des habitants de Kassel.

Goetheanlage

Eine grüne Oase mitten in der Stadt – das ist die Goetheanlage, die sich entlang der Goethestraße bis zur Freiherr-vom-Stein-Straße erstreckt.

An oasis of greenery in the city, this park runs parallel to the Goethestraße as far as Freiherr-vom-Stein-Straße.

Une oasis de verdure au cœur de la ville – c'est la Goetheanlage, qui s'étend tout le long de la Goethestraße jusqu'à la rue Freiherr-vom-Stein-Straße.

Stadthalle

Oberhalb des Bebelplatzes findet man die 1914 eröffnete Stadthalle. Sie überstand den Bombenhagel des Zweiten Weltkriegs weitgehend unbeschadet und diente etliche Jahre als Ausweichquartier für das zerstörte Staatstheater.

Further on from the Bebelplatz is the Stadthalle, inaugurated in 1914. It survived the hail of bombs in World War Two and functioned for several years as a replacement venue for the destroyed State Theatre.

Au-dessus de la place Bebelplatz se trouve la Stadthalle, inaugurée en 1914. Elle a survécu aux bombardements de la Seconde Guerre mondiale sans trop de dommages et a hébergé plusieurs années le théâtre qui, lui, a été détruit.

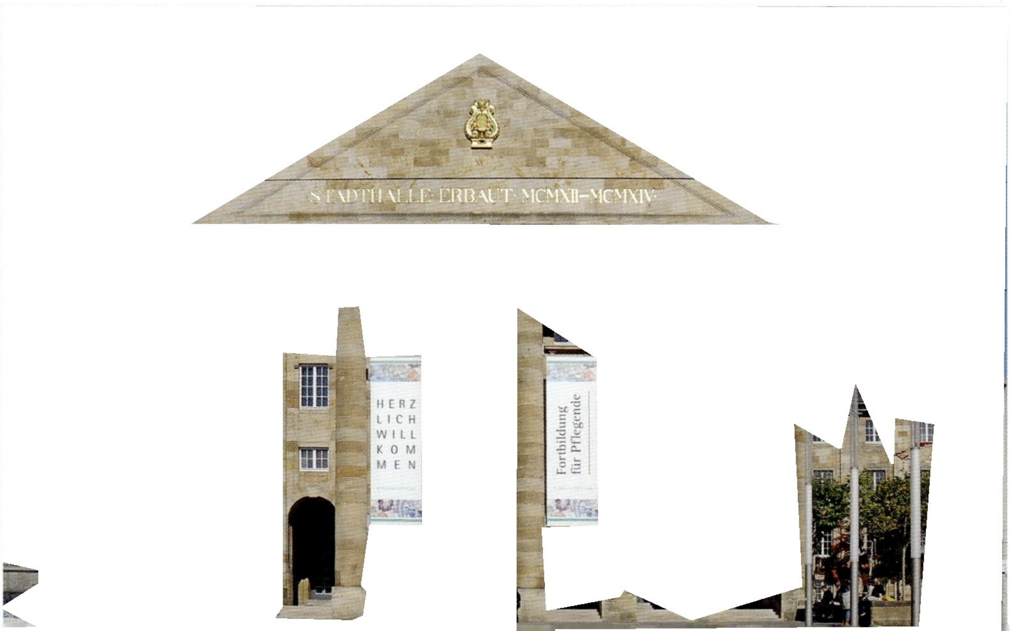

Bis hinauf zur Wilhelmshöhe

Up to Wilhelmshöhe

Vers les hauteurs de Wilhelmshöhe

Brüder-Grimm-Denkmal

Die Brüder Jacob und Wilhelm Grimm wuchsen ab 1798 bei ihrer Tante in Kassel auf und kehrten nach ihren Studienabschlüssen in Marburg dorthin zurück. In dieser Zeit begannen sie Märchen zu sammeln, was in die weltberühmte Grimmsche Kinder- und Hausmärchensammlung mündete.

The brothers lived in Kassel with their aunt from 1798 and went back there after they had finished their studies in Marburg. During this period they began to collect folk tales, which resulted in the publication of Kinder-und Hausmärchen (Children's and Household Tales).

A partir de 1798, les frères Jacob et Wilhelm Grimm grandirent chez leur tante à Kassel avant de retourner à Marbourg à la fin de leurs études. C'est à cette époque qu'ils commencèrent à rassembler des contes afin de créer l'œuvre qui les a rendus célèbres dans le monde entier : les contes de Grimm.

Alte Torwache

Die beiden Torwachen sollten als Teil einer Toranlage den Auftakt der Wilhelmshöher Allee bilden. Die Pläne blieben unvollendet. Im gezeigten nördlichen Gebäude wohnten zu Beginn des 19. Jahrhunderts die Brüder Grimm.

Both gatehouses, as part of a gate system, were meant to signal the entry point to the Wilhelmshöher Allee. The plans remained incomplete. The brothers lived in the northern building at the beginning of the 19th cent.

Ces deux tours de garde devaient à l'origine faire partie d'un grand portail marquant le début de la Wilhelmshöher Allee. Mais les plans ne furent jamais terminés. C'est dans le bâtiment nord représenté sur la photo que vivaient les frères Grimm au début du XIXème siècle.

Wilhelmshöher Allee

Sie führt von der Innenstadt schnurgerade hinauf bis zum Schloss Wilhelmshöhe: die Wilhelmshöher Allee.

Takes you from the inner city in a straight line up to Schloss (Castle) Wilhelmshöhe.

La Wilhelmshöher Allee relie le centre-ville directement au château Wilhelmshöhe.

Bahnhof Wilhelmshöhe

Der neue ICE-Bahnhof wurde 1991 eröffnet und löste den alten Hauptbahnhof ab. Im Zuge der Umbauarbeiten des Bahnhofs wurde auch der Vorplatz überdacht, eine gewagte Konstruktion, der der Volksmund schnell den Namen „Palast der Winde“ verlieh.

The new ICE station was opened in 1991 and took over the role of the old main station. After the reconstruction work on the existing station was complete, the area in front of the station was roofed over, a bold construction that soon became known popularly as “the palace of the winds”.

La nouvelle gare de ligne à grande vitesse a été inaugurée en 1991, remplaçant ainsi l’ancienne gare centrale. Au cours des travaux de reconstruction, on repensa également la place située devant la gare, une construction très particulière, à laquelle le nom de « Palais des vents » fut bientôt donné dans le langage courant.

Schloss Wilhelmshöhe

Das dreiflügelige Schloss im Bergpark Wilhelmshöhe wurde 1786–1798 im klassizistischen Stil errichtet. Es diente den deutschen Kaisern einst als Sommerresidenz und beherbergt heute die weltbekannte Galerie Alter Meister und die Antikensammlung. Schloss und Park gehören seit 2013 zum Unesco Welterbe.

The three-winged castle in the hillside park was erected between 1786–1798 in the neoclassical style. It was once used as a summer residence by German monarchs and is now home to a museum of paintings and ancient artefacts. The castle and the park became part of the Unesco World Cultural Heritage programme in 2013.

Ce château composé de trois ailes et situé dans le parc de Wilhelmshöhe a été construit entre 1786 et 1798 dans le style classique. Autrefois résidence d'été des empereurs allemands, il héberge aujourd'hui la fameuse galerie de peinture Alte Meister ainsi qu'une collection d'objets antiques. Le château et le parc font partie du patrimoine mondial de l'UNESCO depuis 2013.

Herkules-Besucherzentrum

2011 eröffnete unweit des Herkules' – das neue Besucherzentrum. Es bietet neben moderner Architektur viele Informationen zum Herkules, dem Bergpark und den Wasserkünsten.

Not far from the Hercules statue, the new visitor centre was opened in 2011. Built in a modern style, it provides information about the statue, the hillside park and the cascade and fountain.

C'est en 2011 qu'ouvre le nouveau Besucherzentrum, non loin de la statue d'Hercule. Cet office de tourisme à l'architecture moderne fournit de nombreuses informations sur la statue d'Hercule, le parc du château (Bergpark) et les spectacles aquatiques.

Kaskaden

Über 250 Meter führen die Kaskaden vom Riesenkopfbecken hinab bis zum Neptunbecken. Während der Wasserspiele von Mai bis Oktober kann man über mehr als 500 Treppenstufen neben den Kaskaden dem Lauf des Wassers folgen.

The cascade of water is 250 metres from the large basin at the top to the Neptune Basin at the bottom. During the cascade season from May to October, it is possible to follow its path by walking down more than 500 steps that run alongside it.

Au départ d'un énorme bassin, les cascades descendent sur 250 mètres jusqu'au bassin de Neptune. Lors des jeux d'eau qui ont lieu de mai à octobre, on peut suivre le cours de ces cascades en descendant les plus de 500 marches qui les longent.

Herkules

Die Herkules-Statue auf dem Oktogon und der Pyramide bildet den Abschluss der Sichtachse vom Schloss in Richtung Bergpark. Sie besteht aus Kupferblech und wurde bis 1717 fertiggestellt. Das Bauwerk mit der 8,25 Meter großen Figur wird zzt. aufwändig saniert.

The statue on the octagon and the pyramid marks the end point of vision as one looks up from the castle through the park. It is made of copper sheets and was completed in 1717. The statue, 8.25 metres tall, is currently being thoroughly renovated.

La statue d'Hercule se dresse sur une pyramide montée elle-même sur un octogone, terminant la perspective qui le relie au château en traversant le Bergpark. Faite en cuivre, elle a été terminée en 1717. L'ensemble du monument avec sa statue de 8,25 m fait aujourd'hui l'objet d'une complète rénovation.

Wasserspiele

Die im 18. Jahrhundert angelegten Wasserspiele münden in die große Fontäne im dem Schloss vorgelagerten Fontänenteich. Hier schießt das Wasser vor den Augen der staunenden Besucher bis zu 52 Meter in die Höhe. Zuvor hat sich das Wasser ausschließlich aufgrund des natürlichen Gefälles seinen Weg über das Aquädukt, Wasserfälle und die Kaskaden gesucht.

The water cascade, laid out in the the 18th cent., terminates in the large fountain pool in front of the castle, where the water shoots up to an astonishing 52 metres. Before this the water simply finds its way, on the principle of gravity, along the aqueduct, water falls and cascade.

Ces jeux d'eau, mis en place au XVIIIème siècle, se jettent dans le bassin du grand jet d'eau du château. L'eau y est projetée jusqu'à une hauteur de 52 mètres sous les yeux étonnés des spectateurs. Si l'eau arrive jusqu'au bassin du jet, c'est exclusivement grâce à son parcours naturellement pentu qui la dirige vers l'aqueduc, les cascades et les chutes d'eau.

Löwenburg

Die Löwenburg entstand zwischen 1793–1801 als künstlich angelegte mittelalterliche Ritterburg und diente Landgraf Wilhelm IX. als Lustschloss. Nach seinem Tod 1821 wurde die Burgkapelle auch zu seiner Grabstätte.

The Löwenburg was built between 1793 and 1801 as an artificial medieval knights' fortress and was used by the landgrave Wilhelm IX as a pleasure resort. After his death in 1821 the chapel was turned into his burial place.

Le château Löwenburg a été construit entre 1793 et 1801 sur le modèle d'un château fort moyenâgeux. Le comte Wilhelm IX s'en servait comme résidence de plaisance. Après sa mort en 1821, il fut enterré dans la chapelle du château.

Gen Norden und …
Northwards and …
Vers le nord et …

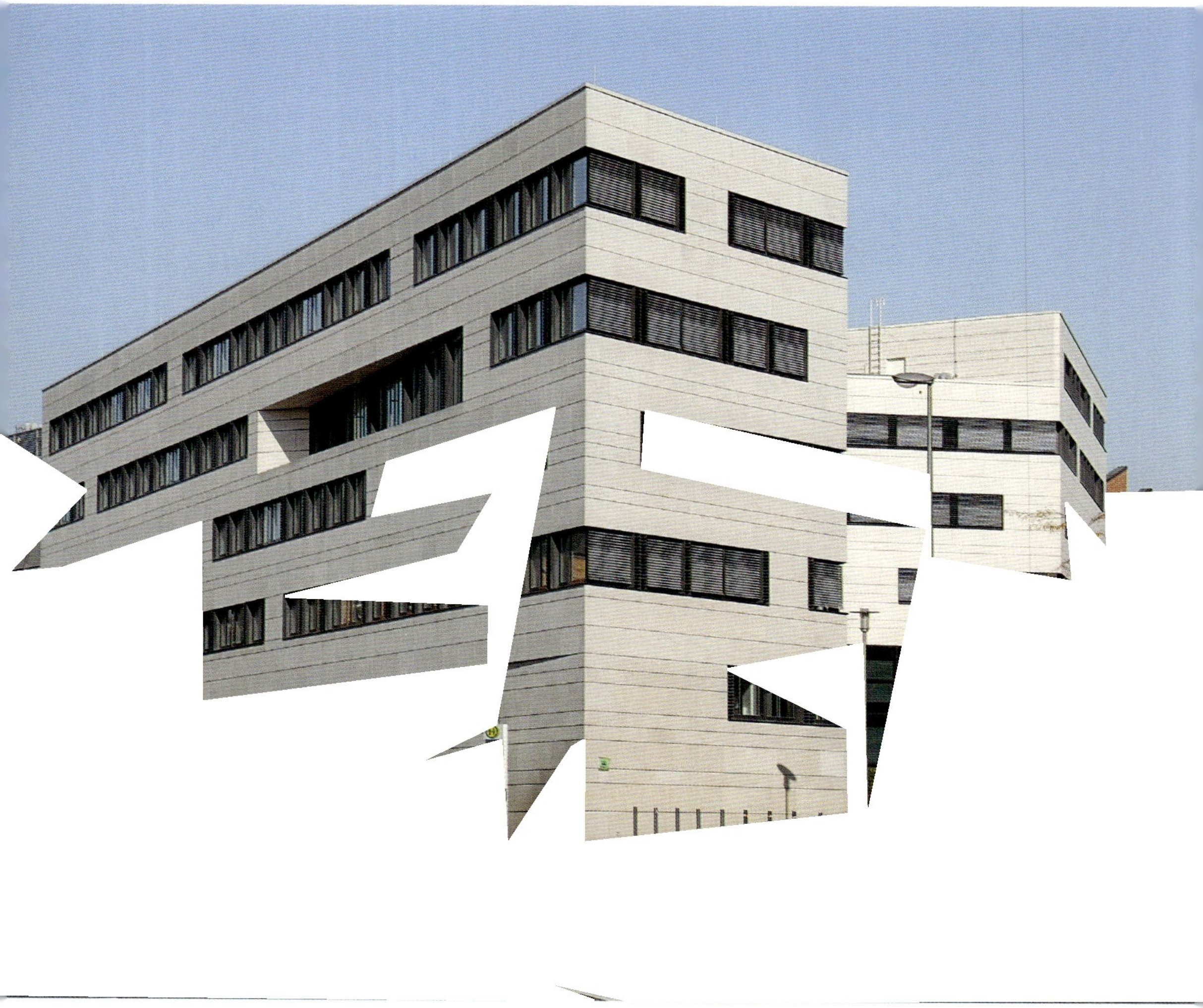

Universität

Der Campus der Universität Kassel hat sich in den letzten Jahren rasant vergrößert. Stetig steigende Studentenzahlen machten den Bau immer neuer Gebäude notwendig.

The university campus has expanded rapidly in the last few years. Constantly increasing numbers of students have made it necessary to construct new buildings.

Le campus de l'université de Kassel s'est extrêmement développé ces dernières années : le nombre d'étudiants, constamment en augmentation, a rendu nécessaire la construction d'un nouveau bâtiment.

Science Park

Hier können sich junge Start-Up-Unternehmen niederlassen. Die Nähe zur Universität ist dabei durchaus Programm, erhofft man sich doch durch die Nähe zu Forschung und Wissenschaft eine optimale Vernetzung.

A place where young start-up entrepreneurs can establish themselves. The proximity to the university is deliberate, the intention being to set up an optimal connection with research and scholarship.

C'est dans ce parc que les jeunes start-ups peuvent s'installer. L'université toute proche joue un rôle essentiel : puits de sciences et de recherches, on espère pouvoir s'y créer un large réseau.

Schlachthof

Der ehemalige Schlachthof in der Nordstadt hat sich zum Kulturzentrum gemausert. Hier finden neben stadtteilbezogener Jugendarbeit jährlich über 200 Veranstaltungen statt.

The former slaughterhouse in the North City has become a cultural centre, where over 200 events take place annually, in addition to local youth work projekts.

Les anciens abattoirs, au nord de la ville, se sont métamorphosés en centre culturel. En plus d'être un lieu d'accueil pour les jeunes après l'école, ils hébergent également plus de 200 événements chaque année.

Nordstadtpark

Der vor einigen Jahren angelegte Nordstadtpark wird von einem kleinen Flüsschen, der Ahne, durchzogen und lädt nicht nur die Studenten der nahen Universität zum Verweilen ein.

This park was laid out a few years ago. A small river, the Ahne, flows through it, and the park is popular with locals and students alike.

Le parc Nordstadtpark, ouvert il y a quelques années, est traversé par une rivière, l'Ahne, et accueille étudiants de l'université proche et visiteurs flâneurs.

Klinikum

Das Klinikum Kassel ist das größte in Hessen und erstreckt sich entlang der Mönchebergstraße in der Nordstadt.

The Kassel clinic is the largest in Hesse and stretches from Mönchebergstraße to the North City.

La clinique de Kassel s'étend sur toute la rue Mönchebergstraße, dans la partie nord de la ville. C'est la plus grande clinique de la Hesse.

... in alle Himmelsrichtungen

... in all directions

... dans toutes les directions

Hessenschanze

Am Rande des Habichtswaldes in Kirchditmold lädt die Hessenschanze im Sommer zum Wandern und im Winter zum Rodeln ein.

At the edge of the Habichtswald in Kirchditmold the Hessenschanze is a favourite place in summer for walking and in winter for sledding.

A l'orée de la forêt Habichtwald, dans le quartier Kirchditmold, se trouve la clairière Hessenschanze. Elle est, en été, un lieu de balade très apprécié, et, en hiver, un endroit parfait pour faire de la luge.

Kirchditmold

Heute als Wohnhaus genutzt, befand sich in diesem prächtigen Fachwerkhaus in der Wahlershäuser Straße einst das Gasthaus Fennel.

This magnificent half-timbered house in Wahlerhäuserstraße was once the Fennel Inn, but is now residential accommodation.

Si cette magnifique maison à colombages de la rue Wahlershäuser Straße est aujourd'hui un lieu d'habitation, c'était autrefois une maison d'hôtes : la Gasthaus Fennel.

Harleshäuser Platz

Harleshausen im Nordwesten Kassels wurde 1936 eingemeindet. Kürzlich wurde der Platz an der Ecke Wolfhager/Karlshafener Straße neu gestaltet. Ihn schmückt jetzt die „Ossenstele“, die auf den Spitznamen der Harleshäuser („die Ossen“ = Ochsen) anspielt.

Harleshausen in the northwest of Kassel became a part of the city officially in 1936. The square at the corner Wolfhager/Karlshafener Straße was redesigned recently and is adorned by the "Ossenstele", a playful reference to the nickname given to the residents (Ossen=oxen).

Le quartier de Harleshausen, situé au nord-ouest de Kassel, a été rattaché à la ville en 1936. La place se trouvant au coin des rues Wolfhager et Karlshafener a été rénovée il y a peu. Elle est désormais ornée de la « Ossenstele », une stèle en l'honneur des habitants de Harleshausen, en référence au surnom qui leur était donné, « Ossen » (dérivé de « Ochse », l'auroch).

Bettenhausen

Der Stadtteil Bettenhausen im Kasseler Osten wurde 1906 eingemeindet. Zahlreiche Fachwerkhäuser zeugen noch heute von seiner ländlichen Vergangenheit. Später siedelte sich hier u. a. mit dem Messinghof und der Textilfabrik Salzmann Industrie an.

In the east part of Kassel Bettenhausen officially became part of the city in 1906. The many half-timbered houses still standing are evidence of its rural past. Evidence of industry in Bettenhausen includes the Messinghof (a 17th cent. metal works where the Hercules statue took shape) and the Salzmann textile factory, much of which has been demolished in recent years.

Le quartier de Bettenhausen, à l'est de Kassel, a été rattaché en 1906 à la ville. Ses nombreuses maisons à colombages, encore sur pied aujourd'hui, témoignent de son passé rural. Plus tard, l'industrie s'est installée, avec entre autres le Messinghof (fonderie de laiton) et l'usine textile Salzmann.

Entlang der Losse

Eine derartig idyllische Flusslandschaft würde mancher in Bettenhausen nicht vermuten. Die Losse durchfließt den Stadtteil, um bei Niestetal in die Fulda zu münden.

Many would not suspect the presence of such an idyllic river landscape in Bettenhausen. The Losse flows through Bettenhausen and into the Fulda at Niestetal.

On ne s'attend pas à voir un paysage fluvial aussi idyllique à Bettenhausen. Et pourtant, le fleuve Losse offre une telle vision, traversant le quartier et contournant Niestetal pour se jeter dans le Fulda.

Nordshausen

Das 1076 erstmals erwähnte Nordshausen wurde 1936 nach Kassel eingemeindet. Die Klosterkirche aus dem 13. Jahrhundert lädt zu Gottesdiensten und Konzerten ein.

First mentioned in 1076, Nordshausen was incorporated into the city of Kassel in 1936. The monastery church, built in the 13th cent., holds both divine services and concerts.

Le quartier de Nordshausen, évoqué pour la première fois en 1076, a été rattaché à Kassel en 1936. L'église Klosterkirche, qui date du XIIIème siècle, accueille les messes ainsi que des concerts.

Jürgen Nolte

Kassel – Schwer was los im Ahlen Nest

Geschichten und Anekdoten

Hardcover, 80 S.

ISBN 978-3-8313-2454-5

Peter Ochs

Kassel – Einfach spitze!

100 Gründe, stolz auf diese Stadt zu sein

Hardcover, 112 S.

ISBN 978-3-8313-2909-0

Jürgen Nolte

Zeitenwenden in Kassel und Nordhessen

Broschur, 144 S.

ISBN 978-3-8313-2194-0

Attila Jo Ebersbach

Der Tod kam um zwei

Ein Kassel-Krimi

Broschur, 350 S.

ISBN 978-3-8313-2355-5